非語言溝通
致勝叢書
1

管管尔身上的竊話

UnSpoken Signals

國際禮儀認證顧問

教你

第一眼贏家密碼

茉麗亞

華人唯一認證國際禮儀專業顧問

Julia Chen

I've learned that
people will forget what you said,
people will forget what you did,
but people will never forget how you made them feel.

——美國知名詩人馬雅‧安哲羅（Maya Angelou）

出版序
Preface

　　「非語言溝通致勝系列叢書」是專門說明非語言溝通技巧和國際社交禮儀（Etiquette）或國家外交禮儀（Protocol）的關係。

　　本系列書籍不會像一般市面的禮儀書籍，一成不變的講食、衣、住、行、育、樂的禮節規範。反而會從禮儀的真正精神和原則，切入生活中的時事和實例來相互對應，並加上人類行為學和心理學科學家的實驗證明，來解釋禮儀，說明禮儀不是教條，不是口號，不是裝飾品，不是奢侈品，更不是名人和名流的專利品，反而是人與人之間溝通的共同ID，更是為我們贏得致勝先機不可或缺的「祕密」。

　　或者這麼說：這一切被視為禮儀規範的事，都將從「非語言溝通」這個更高的層面來重新獲得認識。

　　贏得他人好感，獲致成功果實，確實有「密碼」。

　　看完這一系列叢書，從孩子、青少年、成年人，從日常生活、職場到國際外交場合，讀者將會更清楚瞭解，哪些值得解讀與主動創造的訊息，正在影響你我的生活。

謝德莎
美國洛杉磯 KAZN 1300中文臺長
臺灣資深媒體工作者
臺灣資深唱片工作者

　　多年前，Julia老師為美國茱麗亞國際禮儀顧問公司開班招生，很客氣地徵詢大家「標題該用那個方向」的意見？

　　當時，記得我建議她用「出類拔萃，迎向主流」。

　　坦白說，在美華人胼手胝足辛勤打拼，為的是能提供孩子好的教育環境，進入美國社會主流，將來能有幸福成功的未來。

　　進入主流困難嗎？對華人來說的確不容易！想打進主流，不僅學識淵博、才華優異、品德高尚、人脈廣闊、幽默風趣，更要融入社區，多參與社會服務貢獻。所作所為要能贏得別人尊敬，而修養、學識是透過社交能力、服務奉獻和禮儀行為展現出來的。

　　華人習慣於閉門苦讀、含蓄內斂、埋頭苦幹，對於國際禮儀和西方文化欠缺瞭解，往往能力雖佳卻拙於表達，在人群中因不擅表現而不能顯現其才能。這些禮儀和溝通，在西方社會中極為重要，所以是華人極須加強的。

　　如何能出類拔萃、迎向主流，在團體中游刃有餘，這是所

有企圖邁向成功的華人朋友所需要的重要課程。

茱麗亞老師是美國全科認證的專業國際禮儀顧問，擁有全美最專業的教師執照（國際禮儀、商業禮儀、餐桌禮儀、第一印象禮儀、青少年國際禮儀、兒童國際禮儀、商業禮儀），我相信以她的專業經驗，能夠幫助的不僅是美國華人，甚至於世界各地的華人，也都需要頂尖專家來帶領他們瞭解，如何在舉手投足間開創自己的視野。

國際禮儀的養成不單是個人魅力之所在，更是成功關鍵之所在。近年來，中國經濟是富裕有錢了，能力早成為國際主流。但是中國人有得到他人應有的敬重嗎？（除了在付款的時候）從很多的新聞報導中看到，中國人在搶購時喧嘩、出遊時爭先恐後，一些社交禮儀和生活習慣在在顯示「金錢上的硬實力並不能相對獲得應有的尊重」。

富而好禮傳達「付出尊重才能贏得信任，才是展現自信最好的工具」。

多年來，Julia老師在洛杉磯AM1300電臺製作主持「受用一

身的好習慣」節目，貢獻她的專業知識給南加華人，提供在美華人的西方生活禮儀知識，修養和風範，幫助華人活化人際關係溝通，加強與子女、家庭、機關同僚之間的<u>互動關係</u>，幫助華人和西方主流社會的融合，受到聽友熱烈迴響。

今年暑假，Julia老師又以「不要將美國親友當司機」、「不要把臉丟到天上」及「做個富而好禮的消費者」等等話題單元，談飛機上應有的生活禮儀，談旅行時對接待者的應對禮貌，談購物時應有的消費觀念和流行品味……等等，每一個話題都語重心長，讓人感觸良多。

中國富強，海外華人感受尤其深刻，但是伴隨的卻不盡然是讓人興奮愉悅的。海外華人的生活禮節修養，已自然融入當地習慣。相對有時從太平洋彼岸來的朋友，一些唯我獨尊的生活表現，確實令人為之汗顏。

Julia老師的這本《管管你身上的廢話》描寫的是她在生活上、節目中所積累的心得。除了談禮節和非語言行為的關聯外，難得的是她也傳遞出東方人對禮儀表現的兩極化標準，一

針見血地點出問題來。

　　對快速崛起的中國人來說或許逆耳，但是對積極跨向領袖舞臺的華人來說卻字字珠璣、句句忠言。

　　本書可以協助許多人認識禮儀的重要，瞭解如何在職場上增加自己的競爭力及軟實力。同時讓孩子在走入人群社會中知道社交與人群互動技巧，知道如何尊重他人及進而被肯定被尊重。令你受眾人歡迎外，更會擁有自信從容的個人風采。

　　在世界國際地球村的時代，如何做才能符合現代禮儀？

　　本書協助你認識禮儀的重要，及在生活應對進退間展現自我的風範、學養、氣度，協助你正確、適當、有禮的言行表現自己、贏得信任，建立良好人際關係！

　　Julia老師想透過這本工具書，傳達——你的儀容裝扮，你的言行舉止，你的談吐應對，都能夠展現「這就是你」！

王利芬

優米網創始人、總裁，前央視主播

　　和平年代，人們舉手投足間的禮儀盡是軟實力的表現，茱麗亞老師的書會幫助你提升軟實力。

　　　　王利芬女士為中國北京優米網創始人，並出任優米網總裁。在創立優米網之前，是央視著名的製片人和主持人。她在優米網先後創辦了《贏在中國》、《我們》等知名節目，並任節目總製片人兼主持人。

吳宗錦
北美南加州華人寫作協會會長

　　每個人給別人的第一印象是很重要的，往往在給別人第一
印象時，就已經決定了一切。因此如何給別人一個好的第一印
象，就成為每個人在人生旅途上非常重要地課題。

　　現在年輕的一代常將「只要我喜歡有什麼不可以」當做生
活準則，甚至當做「有個性」的表現。但因為這種以「自我」
為中心的思想深藏在骨子裡，長久之後就養成「不拘小節」的
習性，甚或把「邋遢」當成時尚，事事隨興隨便，成為坐沒坐
相、站沒站相的外在表現，那時給別人的第一印象就很難更改
了。

　　美國雖然是個很自由自在的社會，也很尊重個人的隱私，
但卻也是個很重視每個人外在表現的世界。在美國，基本人際
關係有三大情境，每個情境都有應有的應對進退的禮儀。第一
個情境是在職場辦公室，第二個情境是社交宴會，第三個情境
是休閒時的情境。這三個情境都有個別的應對進退的禮儀，互
相是不可混淆錯搭的。

其他像聽音樂會，上圖書館、博物館，參加晚宴、婚宴，出席商會、產品發表會，儀容穿著都不一樣，參加什麼場合，就該怎樣打扮，情境的判斷是很重要的，如果把晚上社交宴會時的裝扮，出現在上班的office，不但不合時宜，也是絕對的失禮。情境判斷就像是工作能力的判斷一樣，是個人競爭力的表現，如果情境判斷錯誤，就表示自己的自我表現不行，工作能力就更不用講了。

　　俗云：職場如戰場，在職場上錯過了好的第一印象，是很難再改變的。每人都知道：You cannot make a second change for your first impression，但是回頭看看職場上的年輕人，明明知道這個道理，卻好像又滿不在乎，因此而錯失了很多機會。事實上，要給別人一個好的第一印象是可以預做準備的，只要學好各種國際禮儀的知識與技巧，出席不同情境時，可以有備而來，不慌不忙的應對，從容自信地給別人一個很好的第一印象，而贏在起跑點上。

這個Unspoken Signals是很重要的，《管管你身上的廢話——國際禮儀認證顧問教你第一眼贏家密碼》一書是國際禮儀認證師茱麗亞老師（Julia Chen）的最新力作，本書就是要幫助大家「為什麼要打開做有準備的觀念」，加上運用有科學根據的「非肢體語言溝通的技巧（Nonverbal Communication skills）」，結合Etiquette「國際禮儀的規範」，讓讀者知道為何學過國際禮儀的人與未學過的人，在外在表現上會有很明顯的不同？本書會教你如何在人際關係中因「尊重而被接受，因接受而贏得信任，因信任才建立關係」的各行各業，從上到下的人際溝通準則。

茱麗亞老師是臺灣空服員培訓的開山始祖，後再到美國受訓，取得美國教育部ACCET認證中心證書，同等大學3.3CEU's學分的國際外交、社交、商業禮儀顧問認證資格，她是這個專業領域裡唯一的華人雙語顧問，她盼望為華人社會注入正確的國際主流正統國際禮儀學，並為參差不齊的華人禮儀提供正確的資訊，協助有心人士學到正統的國際禮儀學。

茱麗亞老師是北美南加州華人寫作協會的「永久會員」，她為出版本書，囑咐我為本書寫序，雖然我是個國際禮儀學的門外漢，但我身為南加州華人寫作協會會長，也就不容推辭，謹以此為序，向大家推薦這本難得一見的新書。

　　吳宗錦先生為LA華人工商創始會長，前南加中國大專聯合校友會理事長，現為美國華商聯合會總會長、華商世界雜誌發行人兼總編輯、北美南加華人寫作協會會長。

1992年，到美國的華人大概就這二大部分（當然也有其他小比率的）：出國唸書或結婚，以及嫁出來的MIT。

我是後者的輸出品。算算是較幸運，比早期來唸書的少吃點苦了。就是少吃這點苦，常自嘲是「英文不太行，中文也不太好」的MIT。

英文不太行，因為沒在美國上大學。中文不太好，就真是有口難言了。帶臺灣親戚在美國逛Mall時，這Mall字怎麼翻就是翻不出。在臺北帶老媽逛街都是叫百貨公司，但佛州坦帕（Tempa）只有Mall，我卻說不出這是什麼？只管對親戚說「Mall就是百貨公司」。等真正逛時，大家又吵著說這哪是百貨公司，沒有電梯、沒有大樓、沒有招牌、沒有霓虹燈……什麼「mall」？真的什麼都「沒有」（客家話音），倒像是來到大賣場！

真的到現在我還是不會說「mall」的中文，「廣場」、「賣場」、「百貨場」？告訴時髦的臺北朋友還會被笑。

在有「陽光之州」暱稱的佛羅里達州（Florida），出門可

以不用鎖，就像臺北的警察大隊門口的警衛一樣。早上出門就有鄰居對你喊「Good morning」，回來又有鄰居對你喊「Good Evening」。

我們兩家院子雖隔很遠，但他們倆老早上傍晚都愛在院子曬太陽看海水，他們被稱為「北方下來的雪鳥」（snow bird，北方南下移居退休老人）。佛州四季如夏，陽光多、海水多、土地稅低，是適合退休的老人生活環境。

2000年，我為了小孩搬到加州L.A.。大都市競爭力較高，幸好搬到L.A.，否則我二個孩子可能沒機會學中文、講中文了。華人多，學中文機會多。再者，2006年起，大學入學聯盟（College Board）正式將中文納入SAT大學入學測試學科中，這也代表中文正式成為美國的第二外國語言。再過二年，在高中的大學先修課程AP課，開始有AP中文，這更表示華人家庭孩子可優先受惠這門課，在高中期間將大學的學分先唸掉。所以在L.A.會覺得華人「很大」！

此後，上街購物時，也開始發現老美愛自告奮勇地現中文，讓你驚訝他「會說中文」。

　　記得以前出席社交活動，我都要準備一些閒聊話題（Small Talk），甚至用背的（很痛苦，會講可是不一定懂），例如體育比賽、運動明星名字和專有名詞……等等，以便宴席間也可以露一些即時、時事話題，以便融入主流。

　　現在，我發現狀況不一樣了，我不用再準備話材，老美主動準備好了，說他到過臺北，鼎泰豐、誠品、北京、長城……什麼字怎麼說中文，說的、問的，全是中國、中文，尤其聽到一句他「中文說得好」的讚美時更開心！以前好像在討好別人，現在好像在討好我們。這畫面和我剛嫁來佛州有很大的不同。

　　記得在邁阿密（Maimi）移民局換身分時，入籍面試時移民官要考美國歷史。當然用英文。但在加州，移民官允許你說中文，因為有口譯官翻譯。

佛州，加州，一樣的熱，一樣的多陽光，一樣的多海水，
還有一個一樣的：看到陽光下撐傘的，就是來自臺灣故鄉的
人！

　　唯一不一樣的是，加州離自己故鄉近好多！

　　很高興有這個機會，將我的專業帶回故鄉出版，讓臺灣、
中國的朋友可以更輕鬆地掌握國際禮儀的「文化語言」，也更
容易贏得他國人民真心的尊敬。

　　如我在書中所說，中國自古素有「禮儀之邦」美譽，五千
年的文化涵養基礎深厚，很多國際禮儀與非語言溝通所規範或
發現的現象，老祖宗老早就寫在書裡、用在生活裡，因此像我
剛好以華人身分成為國際禮儀顧問，很容易就看得出來，無論
身處臺灣或中國，只需跟著書中介紹的技巧與知識多多練習，
相信你很快就會愛上「非語言溝通」替你帶來的迷人優勢。

　　美國總統歐巴馬並非天生就有魅力，人人都有潛力超越
他。

BUSINESS**CHINA**

GLOBAL TIMES

By Chen Yang

Julia Chen thinks of the polite and classy Audrey Hepburn as her role model. So from an early on, she sought to instill in her two daughters proper manners and common courtesy. Now, she has broadened that focus to include educating China's youth with old-fashioned virtues.

"Young people are easily influenced by celebrities like Paris Hilton and Lindsay Lohan, who act indecent in public," said the 50-year-old etiquette consultant and founder of Julia Etiquette Consultant International. "But if they act like that when on job interviews or during business meetings, it leaves people with a negative impression."

In her Los Angeles-based workshop, she is not shy about standing up in front of an audience and correcting children on their posture, showing people how to make eye contact and extending a convincing handshake.

Chen has taught etiquette classes in Taiwan and the United States for 25 years. "Etiquette is a type of personal wealth," she said. "Good manners can give you an edge."

Ladies and gentlemen

Chen's first job was working as a flight attendant when she was just 23 years old, but a European countess changed her career path forever.

"She sat in the business class and dressed quite plainly, but I couldn't help being drawn in by her good manners and etiquette," she recalled.

With that, Chen became passionate about social etiquette. She decided to quit her job and learn the trade. She also gave tips to schoolmates who wanted to become flight attendants. And as more young women asked for her advice, she began hosting classes training flight attendants and teaching etiquette in Taiwan in 1985.

"Etiquette is important especially for job interviews," she said. "The interviewer always makes the decision in the first 30 seconds, so formal dress and proper etiquette is the key to success."

Chen immigrated to Los Angeles after she got married in 1993 and got certified in the field at Protocol University in the US. After that she launched etiquette consulting services and began professionally teaching etiquette and protocol to children, teens, adults and business professionals, most of whom were overseas Chinese who were not familiar with Western-style etiquette.

The classes included first impression etiquette, business etiquette, dining etiquette and interviewing etiquette.

Her fees range from $40-$120 per hour, while customized one-on-one

Entrepreneurs profit from poor etiquette

Mind your manners

Julia Chen teaches dining etiquette at her workshop in Los Angeles. Photo: Courtesy of Julia Etiquette Consultant International

coaching sessions cost $350 an hour.

"I teach children how to meet and greet people, educate adults on how to eat properly at the dinner table and coach businessmen on how to invite their clients to a concert," she said. "What they learn in a one-hour class might benefit them for a lifetime."

Thriving etiquette schools

Etiquette schools like Chen's have been thriving in the US since the financial crisis broke out as job hunters struggle to win competitiveness. She said etiquette schools also have market potential in China, where etiquette education lags behind the nation's breakneck economic growth.

"The fast economic growth made some Chinese rich very quickly, but these rich people have yet to catch up on the etiquette front," she said.

There are numerous media reports about Chinese tourists spitting in public, littering everywhere, cutting in line and talking too loud when traveling abroad. Chinese tourists' nasty habits have gotten on many people's nerves.

"The principles of good manners are universal," Chen said. "From the corporate world to the school classroom, more Chinese people should take etiquette lessons to keep up with the world."

Hao Hongrui, an education industry analyst at DHD Consulting in Beijing, said the demand for etiquette training has extended from multinational companies, hotels and hospitals in the 1990s to local companies,

government agencies and universities after the Beijing Olympic Games and the Shanghai Expo.

Hao expects China's etiquette consulting market to reach 10 billion yuan ($1.5 billion) this year. "Business is built on relationships, and it is easily damaged by poor business etiquette," she said.

Statistics from DHD Consulting show that there are more than 10,000 etiquette training agencies in China, but none has annual revenue of 100 million yuan ($15 million). "The entry barriers for etiquette training are low, and there are not enough qualified etiquette consultants," Hao said. "Some get a few years' experience and then open their own training services."

Chen said etiquette consultants should also have a diverse background and good social skills. "Etiquette is not only about how to wrap a napkin, but also a lifestyle that will launch you forward."

Coaching wealthy youth

Chen wants to bring her classic etiquette courses to China, not only for young professionals who want to improve themselves, but also for the children of the country's first generation of nouveau riche.

"I've seen wealthy Chinese kids throw cash at shop assistants in luxury stores' VIP rooms," she said. "They can use money to buy luxury, but that won't win them the respect of others."

When Chen shared her plan with her friends, they doubted whether she could teach spoiled kids. "I see it as a challenge," she said.

She plans to provide courses including golf, yoga, health and branding to affluent youth in addition to regular etiquette courses.

"They might be destined to live a lifestyle that requires awareness of etiquette," she said. "But they will also learn the value of the money they are born with."

Chen is not the only one eyeing China's new rich generation.

There are already many courses from family business management to social etiquette, ranging from 40,000 yuan ($6,008) to 668,000 yuan ($97,868) per person, offered by top universities like Tsinghua and Peking University, as well as private institutions such as Jin Bailing Education in Wuxi, Jiangsu Province.

Chen is aware of the problems in the industry. "That's why I want to bring certified courses here," she said. "The world is moving ahead, but good manners never go out of fashion."

Julia老師的禮儀課程在中國北京《GLOBAL TIMES》的報導。

在很多場合裡，還沒開口說話前，你的一舉一動都在被觀察並留下印象。
這也是你最佳的表現機會。

Content
目錄

前言1
人人都是默劇演員

我是一位美國國際禮儀認證顧問專家。

你心裡可能在想，「這位國際禮儀認證顧問專家來告訴我食、衣、住、行、育、樂的所有生活細節要如何規範嗎？」

這確實屬於我曾經學習與教導的部分專業，但在這本書中，你會接觸到遠勝於此的必要知識和「軟實力」。

2011年2月，在L.A.的South Coast Plaza中庭公共開放空間裡，一般陳列的裝潢擺飾，配合美國國內的節慶活動安排設計布置，例如：聖誕節的時候會布置聖誕樹、聖誕老人、禮物的裝潢、馬車，放聖誕節的歌曲。

但今年的主題竟然是中國的玉兔迎春的造景，例如好大的玉兔偶像，兩行掛的高高的紅燈籠，還寫得「大家恭喜」「大吉大利」的春聯，以及紅包、鞭炮的圖樣。我突然以為自己是置身在中國還是在臺灣。

走到二樓的Zara英國平價名牌店，裡頭全是滿滿的購物人潮，尤其是在試衣間的排隊，讓人覺得這個畫面和美國經濟不景氣很難畫上等號。我也在試衣間裡面湊熱鬧，忽然聽到遠遠

的一大票用國語交談的對話，聽起來是一票女生或太太吧。彼此在交談試衣服的心得一會兒高談闊論，一會兒高聲嬉笑，一會兒開門，一會兒關門……我在猜他們可能在不同的房間試穿不同的衣服，彼此在交換意見看法。說話聲音又大聲又吵雜，又興奮又開心得意的情緒，也自然顧及不了他人，沒有把其他的客戶放在眼裡。

過一會兒，果真被我所料，終於試衣間的銷售服務小姐過來敲門講話：

"Are you guys alright in there？"

"Do you need any help？"

可是他們竟然不回答繼續的大聲的談話嬉笑，這個時候我走出我的試衣間，只看到這位試衣間的銷售服務小姐對我一邊搖頭、一邊表示無奈的眼神和表情，並且兩手一攤的動作。我看到後面排隊要試衣間的人還是很長，難怪對這些講中國語的客人的表現感到不耐煩。

我心裡想：這種畫面，和我二十多年前剛來美國的時候很像。

80年代的臺灣，經濟的成長是世界有目共睹，那時候世界各地的商品都流行打上「MIT（Made in Taiwan）」，又加上

臺灣的出國旅遊觀光業正大量成長。一般臺灣人出國旅行購物的時候，或者住酒店，或在國外餐廳用餐，或在機場等公共場合，難免也是很多人在一起說話很大聲吵雜、不在乎他人的感覺，難免興奮開心過頭，不守規矩的行為，甚至沒有禮貌也不在乎他人的感覺，也常常讓國外接待的人感到搖頭，髒亂吵雜的畫面，難免讓人不敢領教。

所以那時候我在臺灣教空服員考前培訓的時候，也順便幫企業人士開設一些出國旅遊的禮儀課，教大家如何做一個受人歡迎又尊重的國際人。

我原本也是一位空姐，在當時的臺灣這仍是許多女性夢寐以求的工作與身分（當然現在還是很夯）。後來我和兩位同事從空中返回地面，因緣際會開始創業教人「保證考取空姐否則退費」，口碑漸漸做出來，最後連工商業（如銀行）和選舉候選人都來向我學習國際禮儀。

到美國後，透過了認證課程的參與，我才由國際禮儀的專業跨入更寬廣的非語言溝通領域。

二十幾年後，美國遭逢經濟不景氣，市場的消費力明顯的出現在亞洲人的身上，尤其是中國來的朋友。在Beverly Hills或South Coast這些高級名牌商店，購物時消費的方式和態度難免

令人又愛又怕，愛的原因是，因為他們大部分習慣帶現金來買東西，一買所有的顏色一口氣全要，當然讓名牌精品店的店員收錢收得很高興。可是往往在這一票講國語的客人走了以後，這些精品店員卻也大大的鬆一口氣，也嘆口氣的準備收拾「殘局」，試穿過的衣物凌亂不說，衣物上抹上試衣者的粉餅口紅印，甚至拉扯壞的拉鍊、扣子、縫線等，對VIP客戶免費招待的點心飲料如：糕餅、湯匙、糖包和奶精灑亂桌面，洗手間裡使用過的紙巾隨意丟在地面，洗手臺上水漬、皂漬、乳液漬交錯的雜亂畫面。

這就是去年South Coast Shopping Mall，L.A.為了（討好）尊重中國顧客，破例前所未有的在歲末美國傳統聖誕節大血拼的季節裡，在公庭的裝飾上，改成中國迎春造景的歷史畫面。與其說是討好說中文的客人，不如說是看中「中國人的錢包」來得實際多了！

心想我雖不是老L.A.華人，但畢竟也在L.A.十多年，去South Coast、Hollywood逛街購物時，說中文那麼久了，多年以來，與那些銷售小姐（Sales Lady）與造型師（style Consultant）因消費建立的關係（我人未到他們會先告知你「你的coffee準備好了！」）竟沒能抵得過「打開中國人的錢包」的強大威力，沒

享受過一次老美為老中迎春的禮遇畫面。走筆至此，還不知是酸還是甜的滋味在心中。

甚至在美國的大西洋的對岸，英國、法國等歐洲國家，例如：法國巴黎的春天百貨公司，英國的老佛爺（Lafeyette），為了歡迎中國來的「北京鎊」，特別提供前所未有的服務，除了會說中文的銷售小姐與造型師，更給說國語的客戶無限制的消費購物，一直到出大門才結帳付費的一條龍服務。同時給與專人（會說中文的服務）、專用結帳窗口刷卡（中銀卡、聯銀卡、非歐美國家發行的卡）的服務，專門的特別服務（包括退稅、退換、提貨登車，甚至登機服務）。

這樣的禮遇，做一個消費者真的是倍感尊重，令人羨慕。

但是出入公共場合時如何做到受人歡迎和尊敬的客人，除了消費能力以外，同時懂得尊重他人為我們付出的服務，是贏得被歡迎和被尊重的「潛規則」。在乎他人為我們服務的感覺，是一種尊重的回饋，會為你帶來比精品更昂貴的價值感覺！

再者，出入公共場合和出國觀光洽商旅遊，有禮貌的樣子代表的也是人們對你個人與國家的觀感。

在美國執業與推廣多年，這幾年往來臺灣與中國大陸，我

注意到許多人還是以傳統較狹隘的角度在理解、甚至教授國際禮儀的課程，更誇張的則以「美姿美儀」來簡化了這門學問。這就是為何我認為有必要來為華人寫一本專著的最主要原因。

　　國際禮儀不是美姿美儀，更不會只是空姐和接待人員才需要學習的課程。
　　國際禮儀是一種「語言」，正確地使用它，威力可能遠勝於談判桌上的角力。

　　二十五年前，我教過一門教「第一個印象禮儀學」（First Impression Etiquette）的課，這門課在教學生瞭解在人際互動關係中，別人在第一印象裡會對你產生什麼樣的感覺？看起來不端莊、不專業是什麼意思？如何改善第一印象？在那時候「印象」這個概念，被人們分類到「主觀」的範疇裡，另一個未被說出來、但總是與這個概念連結起來的意思叫「不科學」，是他人主觀看法，可能八字不合、不投緣，沒什麼大不了。
　　簡言之，「主觀」無法以「科學」來驗證。
　　1984年，由於臺灣開放觀光旅遊事業以及開放大陸探親，加速臺灣航空業的起飛，一股投考空姐工作的熱潮於是興起。

臺灣從經濟四小龍中崛起，中小企業大量創立，企業家面對國際行銷競爭的機會也跟著變多了，企業老闆與主管們紛紛搶著學習國際禮儀及人際溝通應對技巧，並高度重視公司內部人力教育訓練。目的就是要提升職場及商場上的應對溝通技巧，以達到和國際主流一樣的禮儀風範，提升競爭力。這些也都是當時主要的，搶手的，課程與業務。

我的公司很快地成為空姐補習班的龍頭，更是中小企業、學校、社團爭相邀請的專業機構。很多人因想從事空服員或外商的工作而來補習，學歷及外語能力是重要的專業能力，但是招考部門更在乎另一個「大」問題：

態度和感覺，和該航空公司或企業的文化與形象是否吻合。

所以當學生站在考官面前出現說話、抿嘴巴、眼睛飄忽不定、忽上忽下、不停眨眼睛、身體不停的搖晃、手指不斷的拉衣角，或不停的來回搓揉大腿，或者抖動大小腿，甚至鞋跟在地面上前後左右拍打，或者縮肩、抓頭髮、玩耳環等，搭起話來很多口頭禪，虛字或尾音（例如：嗯、那、呀、這樣子、哦…等），當然還包括髮型、化妝、服裝、顏色、身體姿態、說話的聲音、語調與速度合不合宜等等問題。

這些全都不是考官要「問你」的問題，這些都是考官要

「看你」的問題。

　　看你：是不是穩重（reliable）、端莊（elegant）、自信（confidence）、大方（open-minded）、自然（naturally）、誠懇（honesty）、積極（aggressive），有熱忱（passion），有活力，喜歡與人互動，可以被他人肯定接受的。

　　「看」自然也包括看你說話回答問題時的態度、神情、語氣。

　　事實上，主考官提的題目都非常、非常的簡單，簡單到等你出來的時候不免懷疑「為什麼問這麼簡單的題目？」

　　因為這些開放性的題目（「自我介紹」、「怎麼來參加面試？」、「學校最喜歡什麼科目？為什麼？」、「最喜歡什麼活動？跟誰一起做？」、「為什麼喜歡這個工作？」等等）對考官而言，並非在乎你的回答「內容」，而是你回答答案時的「樣子」。

　　這「樣子」都是形容詞，這些「看」你的問題＝「看」你給他人感覺問題！

　　凡舉生活中，職場、購物、用餐，出國旅遊、觀光、洽商、商務，面試、求職、晉升……等，這部分的問答是無聲無息在進行，看的就是你工作和生活中自然流露的「非語言溝

通」特質。

　　這些「小」事，其實全盡在舉手投足間，看似微小，甚至沒什麼大不了的事，卻是無聲無息的在我們生活中，職場中進行，並影響著我們。

　　以前我們稱這些是「禮節」「禮貌」「禮儀」，好像某些身分地位的人才需要的東西，今天已演變成你我工作和生活中自然流露的「非語言行為溝通」特質。

　　如果今天，你仍以為這些都是「主觀」的、和你距離很遙遠的、甚至是別人的事，最好從閱讀這本書開始，這一切都要獲得改觀了！你將要深切瞭解：這全是關乎你個人未來與現在極為重要的大事！

　　二十五年前重要的事，二十五年後還是一樣重要。時代無論如何改變，應對進退的禮儀規範永遠不會「退時代」（Etiquette is never outdated），人與人之間的重要溝通能力與技巧不但不會改變，反而因科技進步和發達，更突顯這項能力的需求與重要。

　　這也是為什麼你可以在天涯海角任何國家任何地方，只要觸按電腦鍵盤，一秒的時間，把你個人履歷介紹到世界各地，極短的時間內，馬上有許多人可以認識你，但是，你仍躲不

過、免不掉要親自與對方面對面的「面試」步驟，才可決定是否接受你、肯定你。

本書寫作同時，正逢美國總統選舉前重大日子，儘管我是歐巴馬的支持者，我可以在TV、網路上看到他以演說發表他的想法與政見，但更希望可以近距離看他，我不是看他好不好看、俊不俊，只想面對面「感覺」一下這位值不值我投他一票的總統，只想面對面用「感覺」證實「這個感覺是對的！」

禮儀的真正精神和原則，必須切入生活中的時事和實例來相互對應，如果加上人類行為學和心理學科學家的實驗證明來解釋與說明，不但更有說服性，更可以跳脫「主觀」、「別人的事」，甚至「離我很遠的事」。

禮儀不是教條，不是口號，不是裝飾，也不是名人和名流的專利品。每個人都希望受歡迎、受肯定、受尊重，這正是你在人群團體最有利的認同（identity）與身分（ID）。這個ID不是等於你的文憑學歷、家世、身分、財富或權勢，這個ID卻是一項自我表現能力以及與人溝通的能力。而這分能力不是天生的，完全靠後天養成的。無論你是女王、總統、老闆、客人、員工、學生、老師、郵差、司機……，不會因為你是女王，總統或老闆就自然擁有這項能力，因為這分能力是後天才能養成

的，所以這分能力對所有人是平等、自由可以取得養成的。

2012年英國女王鑽石登基典禮（Diamond Jubillie Celebration 14 Ceremony）上，英國全國上上下下隆重歡喜慶祝的氣氛和畫面中，英國女王除了告訴她的子民，也告訴全天下，她是一位萬眾擁戴受肯定受尊敬的女王。

女王自述，為了戴好皇冠，她每天要練習好幾個小時。就算先天貴為皇室，但後天「自重」的行為（例如戴好皇冠），就是代表親手承接人民所託付的事，親手承接皇室所託付的事，這絕非只是關乎儀容的小事，更是關乎精神與使命的大事。

這種是不會、也不能因為她是女王，有權有勢有地位，而可以假手他人來做。

自重的人，才可得他人尊重。這種精神，凡人皆平等。

受人尊重的行為，是靠後天表現出來的，而非靠先天擁有的。

從皇家禮儀（Royal Etiquette）到國家外交禮儀（Protocoal）一般老百姓的社交禮儀（Social Etiquette）都在講一樣的事：

尊重自己，尊重別人，贏得肯定，建立關係

只是名稱、對象、地點、事情或許不一樣，但精神原則都一致的。我們甚至可以說，歐巴馬總統和英國女王做的事，也是我們日常生活中在做的事。

　　透過這些行為和動作，女王對他的子民，歐巴馬對他的選民，就算不用一個文字、一句話語的形容陳述，就可以清楚明確掌握對女王、對歐巴馬的感覺和態度。

　　看看我們小老百姓每天做的事。

　　例如：我們可以要大家「要排隊」、「要守時」，但是若你不告訴他們「為什麼」，禮儀就會變成一種教條。一般人就比較難去瞭解為什麼要做排隊，或赴約要守時的動作或行為，如果你告訴（教育）他們排隊和守時一樣，是「尊重他人的生命權」的時候，他才會知道自己為什麼要排隊、要守時。同時，更必須教育他，他自己也擁有獨立自主，不被他人侵犯的生命權。當尊重他人的權益時，也知道自己的權益所在，這是人性與生俱備的平等擁有的權益，不會因你天生的身分、背景、家勢、地位或後天的學歷、成績、經歷、職位等有所不同。

　　這就是國際禮儀的主要精神，就是要尊重每個人與生俱備擁有，而且不侵犯他人，也不被他人侵犯的四種權利：生命

權、自由權、社交人格權、隱私權。

　　知道自己的權利，並同時尊重他人權利，唯有在這種雙向思慮下產生的行為，才會由內而外做出排隊或赴約要守時的行為。

　　為什麼說「學習禮儀是最好的人際EQ學」，因為它的精神就是知道自己及他人的權力，會自我要求約制以尊重他人，並同時得到尊重。所謂「自重得人重」即 "Respect is Earned"、「己所不欲，勿施於人」"Put your feet in others shoes"，這是老掉牙老祖宗的智慧，但卻十分吻合現代生活、職場中的需求，在專業能力之外，自省能力與自我表現能力已成為另一種更具影響力的競爭力。

　　或許你認為，這些不過是雞毛蒜皮小事，值得這麼大費周章來「教」嗎？這些事又無法反映你的專業與學歷，值得那麼花費心思去討論嗎？

　　沒錯，或許這些事只能反映出你和他人「在不在乎他人」的同理心與品德修養差異的小事，也不過是一念之間所做的短暫行為抉擇，然而，這點小事，卻可能也經常是影響他人對你留下一輩子印象的大事。當你需要這個印象的時候，它就可能會瞬間膨漲為讓你頭痛的要命大事，或讓你後悔不已的憾事。

在日常生活與職場中，你一定聽過太多、太多這種「差一點」、「早知道」的憾事無時無刻在發生。

別以為「小事大不了」！

反過來說，那些被視為與眾不同、或者老是吸引他人的目光的好風範、好形象的人之所以「與眾不同」，往往就只是他們習以為常地在乎你所不在乎的小事而已！

當你和某仰慕的人面對面時，有人深深吸引你，如同你的朋友這麼近的感覺，有人卻那麼遠的感覺。

在教育下一代禮貌和行為的時候，華人習慣用「男抖窮，女抖賤」來嚇小孩，提醒孩子記住這些被嫌「囉唆」的話：「在別人面前不要抖腳，不要把手插在口袋」。但如果我們告訴孩子：

「把手放在口袋裡，會侵犯到他人的自由權，別人會害怕不知道你口袋裡藏了什麼東西？是令人害怕不安的感覺，就是侵犯到對方的焦慮與不安的感覺。」

「抖腳」，除了視覺上不雅、不端莊、不穩重的感覺外，更是一種告訴他人你正處於「焦慮不安、不自信，想分散他人注意」非語言行為的負面訊號。

「看看公眾人物中，有誰在抖腳、把手放口袋或眼睛四處漂移不定？」

凡是「令人害怕不安的感覺或自己焦慮不安的感覺」在他人面前都是負面的、令人不舒服的，因此也是不端莊、不穩重、不雅觀、印象不好的，因此最終可以簡單以「不禮貌」這個詞來含括，多數人（包括許多禮儀專家）都只重視「禮貌」、「禮儀」的表面意涵，卻忘了這個概念背後，其實隱藏著「非語言溝通技巧」，在人與人互動溝通中，扮演著新的具有科學根據理論與行為意思的傳遞作用。

凡是令人不舒服的感覺，會透過「表情與肢體的行為，反應成一種訊號表現出來，成為不合乎禮儀的精神和原則的行為，並以俗稱的「不禮貌」、「不合宜」來形容，或是如「不端莊」、「不大方」、「不從容（慌張）」、「不優雅」、「不自信」、「不誠懇」、「不友善」等形容詞。例如：職場面試時，遲到，或匆匆忙忙趕到又喘又急的樣子，又面試進行間抖腳，或坐姿半躺臥在椅面及椅背上，或對談時眼神不定，四處遊移，甚至誇張眼神，手勢等等。除了禮儀上無法達到尊重他人的精神和原則以外，更因這些行為，反映出當時的情緒狀況，同時也造成負面印象的結果。

很多「小事」正在默默地、無形地影響著你我看得到的「大事」！

　　世界級的領袖出現在公共場合時，往往都有一股令四周群眾感受舒適、被征服的無形力量，那是「舉手投足」間的魅力和氣度，人們會形容這位領袖從容、大方、自信、高雅，並留下正面良好的印象和影響力。尤其當今媒體極度發達，不需隻字片語，一位領袖已在舉手投足、眉宇顰笑之間，以不過十數秒的時間，就展現征服群眾的魅力。

　　第一眼的接觸如此重要，別忘了光速比音速快，在你開口之前，別人已經「看」到你足夠久了。

"Best is yet to come."

從非語言行為溝通，看美國總統歐巴馬（Obama）競選連任感想

11月7日近凌晨一點，美東L.A.數以萬計的支持者擠爆在芝加哥民主黨競選總部會場，以熱情洋溢、勝利歡樂的心情等候競選成功的歐巴馬發表勝選演說。當他和他的家人站上講臺接受支持者對他勝利的激情歡呼後，當他說到 "Best is yet to come!" 鼓動了全場人士，更打動全國守在電視機前的支持者的心！

其實早在11月6日開票夜晚8：24（L.A. time）時，歐巴馬就發email給所有等候的支持者一封信，主題為："How This Happened" 說他正準備出場發表勝選演講了。

之所以等到次日凌晨才出場，是因為在等候敗選的羅姆尼親自向勝選歐巴馬表示「恭賀當選」後，歐巴馬才正式對外宣布選舉勝利。這是民主自由體制中君子之爭「尊重與禮讓」的最高精神的體現！也是對全國人民最經典的（競選禮儀風度）示範！

- 他已盡全力做雖沒做到最好，但人民寧可再給一位可以相信的總統一次機會，也不願再面對未來的改變。

（因為不知道另一位總統是否值得信任）

・ "Best is yet to come"（將來要做到最好）就是心口合一，令支持者相信的最佳代表！

・ 他的身體語言（Body Language）在三場競選辯論會中，在在證明這才是左右最後是否勝選的關鍵指標，更充分展現非語言溝通三大原則中「誠懇」、「心口合一」的絕佳典範。

　　在本書正式開始前，我就拿這則剛出爐的國際大事為範例，帶大家以不易被一般人瞭解或注意的「專業角度」來看這場競爭。

　　我們現在回到二位美國總統候選人辯論的畫面，把「語言、文字和聲音」（verbal and voice）拿掉（即消音），就由非語言行為溝通（Non-verbal）的部分——即肢體語言（Body Language）——來分析二位候選人的表現，和三場辯論會後的民調支持度比較。

　　歐巴馬在辯論會中使用肢體語言反敗為勝的三大策略：

　　1.Wide Stepping Gestures更擴張開敞的手式（以顯示堅定、肯定、自信）

2.More Forceful Movement更具霸氣強勢的移動方式

3.More Controlled Style更具掌控權的架式

第一次辯論會（*10月3日*）

- 場景：各自獨立演講臺，主持人居中，背後有觀眾。
  （非開放式空間，定點用講臺分隔說者與聽者）
- 動作：原地定點站立。（只看到胸襟以上部位，限制走動）
- 表現：他不像過去使用豐富有力的肢體語言，甚至低頭、抿嘴，和對方沒有Eye Contact。非常明顯，這三項都是負面的肢體語言。
- 辯論後民調支持度（根據CNN資料）
  歐巴馬（Obama） 25%
  羅姆尼（Romney） 67%

第二次辯論會（*10月16日*）

· 場景：採用是完全開放式的空間，稱為 "Town Hall Fomat"（市民集會方式），說者與聽者間毫無遮擋，只有一把高腳椅加一張小茶几（放水杯用，沒有筆和紙）。近距離（15尺內）面對主持人Candy和觀眾（分散180度視線的接觸）。由主持人主導辯論進行及掌控觀眾發問。（這是高難度的辯論場景安排。候選人答題時無論或坐或站，重要的是要移動，因此全身上到下完全曝露，毫無遮掩！）

· 動作：

1.坐姿（工具：高腳椅）

雙方都展現最標準最優雅的高腳椅坐姿：單腳著地，單腳跨椅腳圈，側臀，「半S型」坐姿。重心全放在單腳著地上！

這是一種看似輕鬆的坐法，但出現在極度緊張與壓力大的辯論會中，充分考驗氣氛掌握與肢體的協調性。當情緒激動高昂時，仍可以將肢體的重心單側或單腳著地支撐。呈現肢體（non-verbal）不被言語（verbal）影響，仍然保持穩健從容的肢體表現，

而專心做言語部分的回答，是一種高難度的自信表現姿勢。

雙方在這項的得分不分上下。

2.走動與移動姿勢

歐巴馬大面積、大距離式的移動（拳擊賽式的移動Boxing movement），甚至與觀眾已呈現距離三尺的面對面。與對手羅姆尼更是打破個人私密空間（Personal Space）1.5～3呎的近距離常規限制，就這點來說，歐巴馬是失禮的舉止，更失去了一國之君（最高社交人格權）與下爭議爭奪的風範！（羅姆尼也做出類似動作）

但是對肢體語言而言，「大面積、大距離式的移動動作」（跨越對方掌控地域）和「沒有定點的移動動作」，都是極端自信，甚至具侵犯性（forceful）的自信表現。就如同拳擊賽（Boxing）的賽規，他侵犯對方空間，應算犯規了。

然而，從非語言和身體語言的角度來說，這卻是高度極端自信的表現，因此歐巴馬的得分是大於羅姆尼。（註：侵犯性的自信僅限人格權上對下使用，並且非常態性。較第一場時，歐巴馬並未使用，因情境的方式受限，只能定點站立自己的講臺前無法移動）

羅姆尼也做大面積、大距離式的移動，但輻度較小，也做出侵入個人空間的動作，甚身體會左右偏移離開中間線，相對來講，歐巴馬在這點上的控制非常穩健，每一次移動都精準保持身體中間線不偏離，充分以肢體掌控情緒。

3.站立姿勢

　　歐巴馬雙腳分立與肩略同寬，身體穩健筆直堅定，毫無動搖、搖晃。羅姆尼身體筆直，但略顯移動擺盪搖晃。這部分雙方得分接近。

4.手勢

　　歐巴馬的幾種手勢：手掌似握球狀（Waving a ball），五指併攏伸張開作似切狀手勢（Cutting），後三指內彎收入掌心，前二指腹指相扣，似「塔狀式」手勢（Pointer）。

　　羅姆尼的幾種手勢：似「塔狀式」手勢，擁抱式，傾斜點頭（Tilt & Nod），雙手微扣（Hand clasp，防禦性的，沒有安全感的）。

・綜合肢體語言分析：

1.情緒表達（Emotion）

歐巴馬 13分／羅姆尼 7分

歐巴馬的身體語言顯示出較多的熱忱與能量，明確清楚的高低聲，大小、強弱的處理，配合堅定不移的注視（eye contact）和手勢，不只將情緒與問題結合，更將情緒與觀眾結合。這點是與第一次辯論時最大不同處！羅姆尼高低音強調明顯不足。

2.正面積極的表達（Positive Message）

歐巴馬 12分／羅姆尼 8分

歐巴馬的表達明確、清楚、有說服力（Clear, Convincing）的內容，自在自信的與眼神，語調、手勢充分融合。

3.攻勢訊號的表達（Attack Message）

歐巴馬 15分／羅姆尼 5分

「攻擊」意指在辯論上的攻勢，包括：內容、動作、表情與聲音等。這部分歐巴馬的表現讓民主黨黨內大老們拍手稱好。

4.贏家姿態的表達（Winning Presidential Attitude）

歐巴馬 12分／羅姆尼 8分

歐巴馬展現出更多霸氣的贏家格局，以輕鬆、自在、愉快的態度，像領袖般的風度，表達準備迎接勝利的氣勢。

· 身體語言（非語言行為）綜合分析：歐巴馬 64%：羅姆尼 36%
· 辯論後民調結果（CNN）：歐巴馬46%：羅姆尼39%

第三次辯論會（10月22日）

· 場景：圓桌會議式。二位候選人併排而坐在略有弧度的桌前，同時面對坐立的主持人。觀眾退後到圓桌後方。
· 動作：定點，坐姿，畫面只呈現上半身（沒有站立及走動）
· 表現分析：
歐巴馬：大輻度的手勢（wide sweeping gesture）顯示堅定的肯定，令人感受到真誠（Genuine）的笑容，

掌心向下（Palm Down）置於桌面上，展現可以掌控主權，強勢權威的氣度；良好的眼神注視，手持著筆（可以分散緊張壓力），外表充分展現像準備贏的領袖架勢與氣度！

羅姆尼：舔舌頭、吞口水等動作顯露出緊張、有壓力和尷尬（心口不一時容易出現的動作），身體移動偏離中間線（不夠穩健、堅定），雙手交叉握在桌面（自衛性，狀似關閉），掌心向上（坦白，不隱藏），微笑中二邊嘴角往下拉（Frown Smile），顯示不同意，聳肩、肩上下擺動（顯示壓力緊張），回答時會顯露情緒

· 結果：辯論後民調（CNN）：歐巴馬48%：羅姆尼40%

不看內容，只看肢體語言與辯論後的數據顯示，歐巴馬有「演」和「不演」的表演（Performance）證明：除了數字會說話，非語言行為也會說話！

正如肢體語言權威專家Joe Navarro在CBS News中受訪時說：「歐巴馬第一次辯論是負面的（Negative）表演」、「差勁

的（Poor）表演」。

　　沒錯，臺上的風采、魅力，打動人心的方式就像一場演出（Performance），但後來居上變成「精彩與進取的演出」（Great and Aggressive Performance），功勞就是肢體語言，而且是吻合誠實法則、「心口合一」的肢體語言。

Chapter 1
察言觀色

夫達也者；質直而好義；察言而觀色；慮以下人。
——《論語》顏淵篇

　　現在讓我們將時間與畫面拉回2009年2月24日，美國首位黑人總統歐巴馬正在華盛頓白宮的演講廳中，進行他就任以來第一次國情諮文的演說。

　　當歐巴馬挺直穩健的移動步行到演講臺前，從容定氣抿著微微上揚的嘴角，同時將雙手輕握講臺二側。配合稍微仰起抬高約10度的下巴，將無比堅定自信的眼神，以漸近式的移動目光，投向現場三面180度的聽眾席上時。在全場屏氣凝息中，尚未開口，一場「無聲勝有聲」的非語言訊號，早以征服了全場對他的信任與好感。

　　這是歐巴馬不用說一個字一句話，就贏得全國的尊敬與肯定的歷史鏡頭。

　　根據會議記載，歐巴馬在這場五十三分二十六秒的演說中，有六十五次被掌聲中斷，有三十七次全體起立鼓掌致意。

如果你也在現場的話，相信一定也會被這氣氛震撼感染，不自主的站起來用力鼓掌向歐巴馬致最大的敬意。

看不見的，總是比看得見的來得多

　　沒錯，人與人之間的溝通，除了用語言以外，「非語言」的方式不僅也可以傳遞人的想法和觀念，甚至使用得比語言更多，影響力更深遠。

　　中國有句俗諺「盡信書不如無書」，也可用來比喻及提醒我們：看得到、聽得到的訊息，不會是全部的訊息。文字、話語，永遠只能暴露部分訊息。語言之外，有「非語言」的訊息，「非語言」訊息下，也有看得到與看不到、感受得到與感受不到的訊息。

　　人們永遠無法接收到完整無缺的訊息，但我們總是有辦法透過各種加強訊息接收的方法與技巧，讓自己接收到比他人更多的有益訊息。當然，反過來講，我們也必需加強自己釋放訊息的技巧，避免在無意間向他人傳遞出不當的訊號。

　　除了「有禮貌」、「沒禮貌」，其間是否還隱藏什麼訊號嗎？

美國家喻戶曉的經典電影「麻雀變鳳凰」《Pretty Wom-en》，片中女主角Julia Robert，興奮地帶著現金到洛杉磯比利佛山莊著名的Rodeo Dr.想購買Dior名牌衣服時，卻因銷售小姐刻意用不屑的眼神由上到下打量，讓她受辱難堪地奪門離去，是電影嘲諷這類大企業以貌取人的經典情節。（眼神由上到下打量的方式，在非語言行為溝通技巧中稱Intimate Eye Contact，後述）

　　電影爆紅之後，Christian Dior在Rodeo Dr.的專賣店便聘請身體語言專家，為銷售營業部及客服部進行嚴格培訓，尤其有二條基本的客服守則：第一，所有的客戶都應受到溫馨誠摯的歡迎；第二，絕對不可以貌取人，以確立精品的企業形象與服務精神。

　　真正頂級的跨國大企業，永遠懂得如何讓客戶滿意，即便你知道哪些客戶是你真正的潛在客戶，但公司的營業額與口碑、形象脫不了關係，因此，追求「最多客戶肯定的服務品質」的目標永遠優先於追求「最多客戶買單」。因此在和客戶面對面互動的服務流程中，如何訓練雙頰可以「真心誠意地牽動出優美而讓客戶感到喜悅的角度」，正是「非語言溝通」中必備的課程之一。

此外，現代人無時無刻、不知不覺地大量使用各式不同的非語言溝通行為來傳遞訊息給他人。我們甚至可以說，透過非語言的行為方式，更能精準有效的傳遞比用言語更能表達的意境和想法，進而完成目的。透過非語言溝通，你可以搜集到更多有效訊息，知道如何準備和應對。

　　在中國我們說如果要瞭解一個人，不能只看他的出生、家境、學歷或經歷，更要謹慎地「察言觀色」。這裡所謂察其言觀其色的「色」，正是當今我們所說的「非語言溝通」不謀而合，凡是服裝、儀容、行為、舉止、動作、態度、表情、聲音等，所有透過視覺所帶來的感覺，即所謂「談吐舉止應對進退」都是「色」的範圍。

　　近百年來透過西方科學家，人類學家及心理學家們不斷的研究實驗探討，終於讓我們中國老祖先幾千年前的說法獲得證實與肯定。從這些現代科學家的驗證，更加說明我們東方中國老祖先的智慧遠遠超過西方以外，更明白自古以來，人類早就使用非語言的行為方式在傳遞想法、觀念，以完成人與人之間溝通的目的。

　　至於在此筆者為何強調「更要謹慎地察言觀色」？在中國的傳統觀念裡，重視保守、含蓄、內斂，和凡事不形於外、不

表於色的表達方式，才是穩重端莊的形象標準。所以若不仔細費心觀察的話，這「色」還真難看到！

或者應該說：這「色」還真難看得懂！

就算看到，大概也不準！舉例，當男女對話時，男生若直盯著女生的眼睛，容易被認為是「輕浮」、「好色」。若女生直視男生，則會被說成「輕佻」、「不正經」。別忘了「眼」裡住著「神」，如何傳遞正確的「眼神」，將你原本準備要傳達的「含情脈脈」或「我仰慕你」的意思正確被對方接收到，這就真得要謹慎小心地先「察言觀色」一番了。

中國人對情緒、情感的表達向來較保守含蓄，老祖宗雖教育我們對人對事要善於「察言觀色」，傳統的含蓄內斂觀念束縛，提醒人們凡事要做到「不形於外、不露於色」的穩重，但這教我們如何把自己「色」的訊號發送出去？

自己無法發送傳遞訊號給他人，他人也和自己一樣表現出凡事「不形於外、不露於色」的穩重，人們彼此之間如何察其言觀其色呢？

說起來，這個傳統觀念的束縛確確實實阻礙了人與人之間的自然溝通！也難怪以前西方人對中國人的刻板印象，就是面無表情、有話不直說，一副城府極深，想法很難猜測的樣子，

也讓東方人被視為不善於表達的民族。我認為，這其實是一種很無辜的民族文化包袱。身為一位移民美國的華人，我相信非語言的溝通技巧，絕對可以讓東方人保留民族文化的精髓，卻同時能成功運用無形的溝通技巧。

「有」與「無」的巧妙運用，不正是中國哲學本源的至高奧祕嗎！

在家庭的私領域裡，嚴父形象等同於「不苟言笑」或「威嚴莊重」，但在人際或職場的公領域中，「不苟言笑」卻是在以不言可喻的方式告之眾人：「別親近我！我不想與人交談認識。」（Don't close to me.），甚至可能引起誤會要大家「離我遠一點！」（leave me alone）。而這種傳統的家教及身教，就無法適用於現代競爭的社會人際中。

真實生活中，由於不擅運用非語言溝通技巧（身體語言）而影響人際關係的狀況非常多。無論在學校求學升學時，職場面試求職、工作升遷、調派，甚至交友社交等等人際關係活動中，明明有實力、有能力，為何卻始終不被重視，甚至被誤會的狀況一直在發生？

如果知道善用非語言溝通技巧（身體語言），結合本身的專長和實力（如學歷、成績等），在社交人際活動中、在職場

的競爭中，適當的自我表現或合宜的自我行銷，不但他人容易對你進行「察言觀色」，最重要的是：你可以主動掌控訊號，發出讓他人有機會對你「察言觀色」的訊號。而這個訊號是你可以主動控制的。不會造成誤會、後悔或可惜的遺憾。當然這種壓力，不再是消極的阻力，卻是可以轉變成積極的助力了。

孩子未來的無形資產

我經常遇見許多心焦煩惱的家長為孩子諮詢：

怎麼辦？Julia老師，我的孩子成績很好，尤其理化數科，在校前幾名的，就要去東岸大學面試。可是他和他老爸一樣，見了人一張臭臉，不理也不搭的，你看他怎麼面試？誰要看他的臭臉呀？怎麼辦？

怎麼辦？Julia老師，我這孩子坐沒坐相，站沒站相，吃沒吃相。怎麼辦？

怎麼辦？Julia老師，我對孩子說：「長大了，你出門要有個樣。」你看他在家就這付德行。嚇人呀！而孩子卻答：「你放心，我知道，我懂啦。」

怎麼辦？我怎能放心？在家都這個樣。出了門，不知什麼樣呢？

這是最常見的案例，我自己也是二個孩子的媽，天下父母心的心情我非常熟悉也能理解。但我還是要稱它為：皇帝不急，急死太監。為什麼？

　　父母眼中的「這個樣」，到底會真的是「這個樣」嗎？

　　到底我們孩子在外面真的樣是「什麼樣」呢？

　　其實，關鍵不是「問題」，真正的關鍵是「空間」，即「社交情境」（Social Situations），也就是孩子這個「樣子」出現在什麼場合中，或發生在那一種「空間」中。

　　不同的情境會提供不同的空間，來讓處於該空間的人、事、物依該情境預設的方向來表現出「應有的樣子」。

　　在自己的家中（空間）面對自己的家人（主人），這種社交情境中所產生的言行舉止和應對間的約束與規範，標準一定有別於在家以外的空間。

　　所謂的禮儀規範，就是會依不同對象、不同身分、不同事情、不同場合，設定出不同的言行標準，以和諧於該社交情境的方式來做到彼此最基本的尊重。

　　譬如，倘若你的孩子在朋友或公司的聚會餐宴中，坐沒坐相、站沒站相、吃沒吃相，當然這就是失禮的相了。因為空間已不在是自己家中（不同的場合），自己是客人而非主人（不

同的身分），且有長輩的朋友出現（不同的對象），這種社交情境不同在家中的情境時，就會形成另一種禮儀規範，稱為「社交禮儀：攜帶家人孩子一同出席社交活動時的禮節」，讓參與情境的人彼此互動溝通時使用，以表達尊重的目的。孩子如果在這樣的場合「表錯相」，對父母、對主人都是失禮，就才是真正要擔心的問題。

當然，這並不意味父母可以允許孩子在家中「坐沒坐相、站沒站相、吃沒吃相」，教導孩子如何判斷不同的社交情境中應該有的正確合宜的自我表現，甚至主動掌握「發送自我表現訊號」的能力，這才是真正攸關孩子未來發展的無形資產。

而大部分的禮儀（除了用說的，用寫的以外），都是透過非語言行為在傳遞溝通的目的。禮儀上一個微小舉止，都是有意義的非語言訊號。

這個「樣子」的形成是有一些組合的過程：

大部分合乎禮儀規範的感覺，都藏有許多正面的非語言表現。這就是透過「視覺解讀效應」（Vision Communication），完全來自於非語言的行為表現。越多正面的表現，就會有越多正面的感覺。

　　因此，不說話也在說話，善用非語言溝通技巧（譬如身體語言），可以讓他人看到你的「色」，善用非語言溝通技巧，就是主動將咱們的好「言色」大方秀給他人瞧瞧！

　　到底什為是非語言溝通？科學家為什麼要去研究探討？又是如何證明？非語言溝通和國際社交禮儀（Etiquette），國家外交禮（Protocol）又有什麼關連？對我們人際關係有什麼影響？跟著我深入探究下去，你將有機會看見另一番大視野。

2012年2月6日，全世界都在注意英國的這件大事。

這天，英國時間中午十二點，仍布滿白雪的倫敦海德公園鳴放著四十一響禮炮，一個小時後，倫敦泰晤士河上的倫敦塔也連續發射了六十二響禮炮。慶祝英國女王伊麗莎白二世登基六十週年的鑽石慶典正式開始。

這場慶典中，新婚不到一年，美麗時尚的凱特王妃（Princess Kate）仍有太多可以佔盡鏡頭的條件，但是她的舉止應對進退上，端莊得體不搶主人（英皇）及其夫婿威廉王子（The Prince William）的風頭，合宜大方、不卑不亢，始終低調退站二位後方，這種尊重禮讓、自重人重的精神，讓全球觀注此事件的民眾和全英國的人民都「看」得到凱特王妃的得體，並且讓人感到舒服的表現。

不用說一個字，大家都看到了凱特王妃釋放的訊息與精神。

這種不說話的禮節與尊重精神的表現，不僅存在皇家禮儀（Royal Etiquette）中，也在國家外交禮儀（Protocol）和國際社交禮儀（Etiquette）中成為不可或缺的一環。

2009年及2011年，美國與中國進行的兩場國是訪問（State Visit），二國元首互訪時，都依客人在主人右手邊的尊右原則，充分表現「主以客貴」的尊重禮讓精神。

這些場合或許離你我的日常生活較遠，不過情境拉回尋常老百姓家中不也一樣。客人赴主人婚宴邀請時，不搶新娘的風頭（尤其女客人的服裝應避開白色，飾品不宜刻意和新娘比大、比亮，言行舉止也應比新人低調保守，讓新人多發光發亮），是客人對主人的「尊重禮讓精神」，也是客人自重人重的精神。反過來講，那天你自己當新人或家中有婚宴，你也一定會對搶走新人風頭的客人產生反感，這是一樣的同理心！

所以說，國際社交禮儀（Etiquette）其實都已存在於我們生活中，隨時派得上用場，你可能也早已在使用很久，卻不自知罷了。

有話不是說出來就好嗎？

國家外交禮儀（Protocol）和國際社交禮儀（Etiquette）正是表現非語言溝通行為目的的最稱職的工具和方式。

例如，美國與中國進行的「國是訪問」歡迎典禮的場

合，典禮臺前，當中國國家主席胡錦濤先生被美國總統歐巴馬（Obama）受邀示意站在他右手邊時，這個舉動無須說出任何一個字，僅靠歐巴馬總統一個非語言的小動作，就可以告訴全美國及全世界：「他是我的座上賓！」（He is my guest of honor.）一個簡單的動作，表達出最高的尊重與敬意，立即可產生好的態度和感覺的結果，效果勝過千言萬語。

> **註** 國家外交禮儀和國際社交禮儀，都共同採用「尊右」的原則，來表示尊重對方的社交人格權。主人為了表示尊重主客，會將主客的位置放在自己的右手邊。餐桌禮儀上，主客的位子也是在主人的右手邊。唯有國家外交禮儀中，對於自己國家國旗的位置，卻是「讓人不讓旗」的尊左原則。

透過非語言的溝通與表達方式，可以將語言想表達的「形容詞」（如態度和感覺）運用視覺效應做出來或「演」出來。

「態度」，可以是正面的、肯定的、積極的、自信的、大方的、誠懇的、可信任的。

「感覺」，可以是尊重的、在乎的、舒適的、自在的、溫暖的、端莊的、有禮貌的。

「態度＋感覺」就是屬於非語言的行為表達方式。

任何的溝通，最終目的都是要達到「被接受、肯定與信任」，彼此的關係得以建立，而「尊重」就是態度和感覺之間最重要的關鍵。

舉凡小至人與人之間的溝通，大至國家和國家之間的溝通，所有為溝通而運用的言行舉止、應對進退等各類生活、職場、社交及國家中的禮儀規範，都是運用和諧的環境與氣氛，提供彼此間相互尊重的言行表現，並得到肯定與接受，最終達成建立彼此的關係。和非語言行為溝通的目的並無不同，只是作法（非語言）與說法（語言）極為不同。

千萬別誤以為我在教你「言行不一」的取巧技巧，但「說」與「做」確實是兩種不同的學問。

非語言溝通，三招見真章

說話要有技巧，會說者舌燦蓮花讓人折服，不說話也有技巧。

做為一種溝通形式，「非語言溝通」仍有幾個基本原則可遵循。根據《商業周刊》（第1173期）在2010年的報導與整理，

人類溝通行為研究專家將這類原則區分為下列三大法則：心口合一的誠實原則、同理反映的鏡子原則、視覺效應舒適原則。

1.心口合一的誠實原則（Honest Signal）

人的態度和感覺大都會以非語言形式表現出來，尤其是那些令人信任、接受或認同的感覺。

MIT麻省理工學院人體互動實驗室主持人潘特蘭博士（Dr. Alex Pentland）透過其實驗回答了一個過去令人困惑的問題：

為什麼有魅力的人在表達想法時，所使用的方式或肢體的表現動作，比他們說出來的話還更重要，而且更受其重視？

這些人的「魅力特色」究竟如何產生？

潘特蘭博士的答案指向一個簡單的事實：**這些令人極富魅力的人，打從心底先深信自己所說的話都是真實的！**

因此他們可以將「真實」由內心自然表現成肢體動作或訊號給他人，進而打動他人相信自己。

這同時也解釋了一個矛盾：即使有時候你會察覺這些人所說的話不是很合理，但是透過他們表達的方式和動作，卻還是選擇相信與接受。

從這個例子當中就可以發現，如果你真的、真的相信你就

是這樣的人，或者你就是要傳遞這個訊號的話，你的肢體動作自然而然就會去「誠實地」發出這一類的訊號給他人。

　　這個實驗證明，「如果你想要給別人的感覺是很正面的態度，你就要發出去非常正面的非語言訊號給別人」。這點和國際禮儀規範背後的「非語言溝通原則」是一樣的，我們所表現出來的言行舉止，都是要給他人正面感覺的訊號，例如端莊的、大方的、合宜的⋯⋯，而且這必須是由內心、真誠地發出你自己都會相信的訊號。

　　又例如，你會因為關心別人、尊重別人而聆聽，聆聽時，你的身體就會有專注堅定的眼神接觸，上半身會自然前傾向說話者，適時點頭肯定的回應動作；如果你在乎他人，並友善對待他人的話，當有人走向你，你會用「微笑以待之」的表情回應；面對事情的要求，你會即使反應願意熱衷回應或服務他人⋯⋯等等給人正面的感覺和態度。

　　其實，潘特蘭博士關於「誠實訊號」的研究結果和我們中國老祖宗留下來的智慧名言「相由心生」不是很像嗎？

　　說穿了，近幾年熱賣的一本著作《祕密》不也是在講一樣的事。「心想」為何就能「事成」？想想「誠實法則」，你應該會有更多瞭解。

真誠地相信自己，我們外露的行為舉止就會誠實地與內心的想法同步，這往往是在你也不自覺得狀態下就會發生。

2.同理反映的鏡子法則（Verbal Mirroring）

潘特蘭博士強調，這個原則的的重點是雙方要有同理心，表現出雙方願意趨為一致性的態度和感覺。例如「試著想了解對方」或「試著想和對方溝通」的一種強烈意識所發出來的訊號。所以，自然而然你的動作就會和對方一樣，甚至模仿起來了。

我們可以用一個更簡單的例子來印證這個「鏡子法則」：例如你從心裡真的很喜歡、真的很關心目前你眼睛所看到的情形，如果對方微笑，你也會微笑，這就可以印證雙方「試著想和對方對溝通」或「試著想瞭解對方」而願意發出和諧一致的身體訊號。

所以潘特蘭博士特別強調，在職場上的溝通、面試、會議、商務談判等，運用鏡子法則的非語言誠實訊號，可以神奇的增加錄取、談判與銷售的成功率。例如：當面試官換一個動作坐時，你也同時換一個坐的動作時，他會進入認真考慮及觀察你的意願中，進而提昇對你有利和諧的印象。

3.視覺效應的舒適原則（Visual Comfort）

所有非語言的訊號在做判斷的時候，一定要從對方「舒服」或「不舒服」來標準來進行。

這個道理非常簡單，跟我們學有禮貌和沒有禮貌的一樣的道理。當你看見一個動作或者當你作出一個動作的時候，你先問問自己「這個動作是舒服的還是不舒服的？」

然而「有禮貌」太過抽象、太主觀、太不具體。你可以說：

學生見了老師要行禮打招呼才是有禮貌；

員工見了老闆客戶要打招呼才有禮貌；

員工看到顧客上門了要打招呼才有禮貌；

面試時見了考官要打招呼才有禮貌；

麻煩他人幫忙的時候說聲「請」、「謝謝」才有禮貌；

要分開告別的時候說聲「再見」才是有禮貌。

看來這些「動作＋語言」表現給他人，讓他人感覺舒服，就被稱為「有禮貌」？為什麼讓他人感覺舒服就是有禮貌？

想像一下：

學生看見老師不打招呼，視而不見不說，雙手插口袋，身體斜躺椅上，還一邊抖動雙腳……

別說是他的老師，就算任何人看到這種畫面，一定都會感

覺不舒服，心想這孩子真沒禮貌。

再想像一下：

如果學生見了老師，有行禮打招呼「老師，您好」，但語氣沒有精神，且像打敗戰一樣有氣無力的，眼神（eye contact）空洞並四處漂移……

這種沒有誠意的打招呼動作，比沒有打招呼更令人不舒服，而成為反效果。

「打招呼」本來的目的是想達成有禮貌的印象，可是配合非語言動作後（例如說話的語氣、眼神、手插放在口袋裡、抖腳、斜躺椅子……等），不但「有禮貌」的目的沒有達成，甚至更傳遞令人感覺不舒服的訊號，反而變成沒有禮貌的舉動，在觀者心中留下壞印象。

由此可知，試圖產生「有禮貌印象」的舉止，必須結合適當及正確的非語言式溝通技巧來表達，才能收到確實的效果，創造良好的印象與觀感。

另一方面，當你發現對方肢體動作令你感覺不舒服，例如肩膀和身體的動作很僵硬，嘴角沒有笑意，身體還有腳都離你很遠，甚至把雙手環抱或抵住兩腳膝蓋，這都代表他自己正處在不舒服的狀態，因此表現（釋放）出來緊張、壓力、不開

心、沒有興趣跟你說話的訊號。

　　讓我們轉換到一個「高級精品賣場」的商業情境來看。

　　優雅溫暖明亮的裝潢布置，分類有序的商品成列，輕鬆和諧的音樂，以及銷售人員的親切誠懇的表情和簡潔的服裝儀容。牆角邊放著一個看了就想躺下去的大沙發，旁邊一張小咖啡吧臺正傳來一股又香又濃義式咖啡，加上一套優雅精緻的茶具、精美可口的糕餅點心……等。想想看這樣的畫面，你願不願意留在這家店裡面，享受他的氣氛，並且一邊欣賞成列的高級精品呢？

　　這些都是決定客人願不願意主動掏荷包的舒服感覺。

　　所以在銷售的情境裡，很注重要製造給對方（消費者、顧客）感到舒服、放鬆的氣氛。這樣客人就比較會多花時間留在這裡，也願意把錢多花在這裡，甚至也會比較想下次來這裡的原因。

　　商業消費環境中的非語言訊號與人的訊號是一致的，消費的溝通過程中，語言的重要性只佔了7%，其餘的93%是：賣場的裝潢布置、商品陳列方式、播放的音樂、空氣中的味道、店員的表情、聲音、服裝、儀容、動作……等（語言所佔影響比例後述）。

主宰消費行為是大腦中的「情緒中樞」而非「理性中樞」，對於奢侈精品業更是如此。我們很少看到精品廣告說很多話或用很多的文字敘述，但很常運用畫面中的顏色、背景、情境……等元素與消費者的「情緒中樞」做連結。

　　舒適法則，其實是利人也利他的非語言訊號。當令人舒適的非語言訊號傳遞出去的時候，互動的雙方就很容易將溝通的基礎建立在「讓彼此舒適」的標準上，溝通上自然就容易成為一種讓人感到愉快的行為，而願意去完成建立關係、完成交易的目的。

　　讓我們來想一想，越來越多的人喜歡買精品名牌。如果你進一家像上述精品店的時候，真正打動你的心的原因，可能是那些非語言行為溝通的訊號在向你傳遞「舒適」及「被尊重」的感覺，進而讓你忍不住掏出錢包。

　　走進一間原本不太能引起你購買慾的小商店，後來因為看見老闆或店員親切的微笑，或像朋友一樣的和你招呼，而讓你進一步接受其邀請去瞭解你原本沒興趣的產品，離開時反而帶了好幾樣商品與美好的經驗走出店門。這樣的經驗相信許多人都曾有過，回想一下，當時是否只是被友善的眼神、親切的微笑吸引打動了你？！

少說多做？

誠實法則、鏡子法則、舒適法則,是不是都有幾個共通點?

多數溝通與銷售專家都知道,你要讓別人喜歡你、相信你,最重要也最簡單的方法,就是「站在對方的角度,瞭解別人對你有何期望」。正如中國俗諺「己所不欲,勿施於人」,溝通,就是要先瞭解他人之所欲,而誠實(可靠)、鏡子(善意、認同)、舒適(被尊重)不都是人與人交往時,具有最大交集的共同需求。

再試想一下:如果同樣運用這種方式在人際關係中,客戶關係中,甚至職場的面試關係中是否也一樣可以運用非語言行為的溝通方式來打動人心,達到目標呢?

下次逛街時不妨注意,厲害的銷售人員和你互動的方式,眼睛會動得比嘴巴還多(除了微笑)。也別忘記,溝通是雙向的,銷售人員讓你看見他表演的同時,也正在用眼睛判斷你是不是一個值得他下功夫來促成交易的客人。

中國字的有趣與智慧,這時候更容易看清楚。

一場偉大或讓人印象深刻的感人「演說」,既要「說」,

也要「演」，不是嗎？難怪有人說，「演說」、「演講」也是
一門藝術。從國際禮儀的觀點來看，這形容百分之百正確。

Chapter 3
尊重永遠不嫌多

　　早期，法國國王路易十六在位時，對宮庭內的花園園藝非常用心講究，也非常以其有名的「凡爾賽宮」美麗的花園為榮，常常宴邀公廷伯爵貴族們到他宮中作客，欣賞他美麗的花園。

　　但是每次當賓客離去後，原來漂亮的花園常發現草坪被踐踏，美麗的花朵被折斷，他看了很難過，於是想了一個辦法：請園丁訂製有指示箭頭（方向）的招牌，插立在花園走道上指示賓客「這裡可以走」「那裡不能走」。

　　從此，賓客再來宮中做客欣賞花園的時候，都需按照有指示方向的招牌走，漂亮的花草不再被踐踏破壞。

　　慢慢地，由於宮庭裡皇宮貴族間言行舉止、應對進退的規範十分繁冗複雜，為了提醒人們記住一些容易忘掉或被忽略的規範，也使用和花園中的有指示箭頭方向的「籤條」（etiquette）將禮節規範貼在柱子上，提醒大家注意自己的言行舉止，應對進退時要尊重並勿踐踏他人內心不舒服的感覺，如同踐踏花園中的花草，不要做出令人感到不舒適或不安的言行規範。

而今天我們使用國際禮儀 "Etiquette" 一字就是源自法語，原意就是「標籤」。

1798年法國大革命後，這些宮中禮節流傳到民間，演變至今就成為人與人之間言行舉止應對進退的共同規範。

時至今日，「籤條」從法國走入國際，因為不論任何民族與膚色的人都必需透過國際禮儀，獲得一樣共同的感覺：尊重。

沒錯，國際禮儀最主要基本精神就是：**尊重**。

不僅要尊重人，也要尊重環境及一切生命。

在這個大精神原則下，次要精神就是「表達友善、有禮和助人的目的」。

四個尊重

「尊重」什麼呢？

所有禮節規範，都是為尊重人擁有的權利而定訂的：尊重自己與他人各自擁有、與生具備，而且不被剝奪、不被侵犯的四種權利：**生命權、自由權、社交人格權、隱私權**。

依據這種最主要精神和原則而設計或規範出來的法則，就

是尊重到每個人基本感覺的法則，這種尊重他人感覺的法則，在西方是說："Put yourself in other people shoes."（試著去穿別人的鞋），在東方則說：「將心比心」、「己所不欲，勿施於人」、「設身處地」，也就是要有同理心，不使他人有不舒服的感覺。

又根據尊重的次要精神，友善有禮的助人，同時也接受和包容不同文化、民情與習俗的存在，這就是所謂的尊重不同，尊重高低，尊重差異。

這就是**國際禮儀**。尊重、有同理心、友善有禮、接受與包容，如此而已。一點都不複雜，很容易懂，不是嗎？！

1.生命權（life of right）

每個人的生命應被尊重，並擁有不被侵犯的權利。生命的定義應該含括：安全、健康與時間。

相對於「主人」，「客人」泛指家中的客人、餐廳中的客人、飯店的客人、飛機上的客人、購物的客人，身為主人的你、老闆、國家元首、部長大使等，無論客人身分、年紀、地位為何，你都應該保護他們的生命安全不受到傷害，並且要照顧維護他們的健康。這就是「以客為尊」、「客人至上」的服

務精神，也就是尊重並不侵犯他們的生命權。

反過來講，換我們當客人的時候，我們的安全與健康也同時需要被尊重及保護。換句話說，我們也同時擁有被尊重、不被侵犯的生命權。

同理，兩國元首進行國是訪問（state visit）的禮賓往來會鳴放二十一響禮炮，這便是國家尊重並保護來訪國元首（地主國主賓）生命權不受侵犯的「非語言式」友善敬意行為和至高致敬禮節。

此外，譬如住宿飯店如遇火警，飯店要以保護所有住客安全為第一首要任務，盡其所能提供救援、疏散、安撫、救助或賠償。在Shopping Mall購物逛街，業主也必須保護消費者購物環境的安全。

筆者剛好有個關於餐廳經驗可提供參考。我一直是The Souplantation（美國一間有很多連鎖店沙拉自助餐廳）的忠實顧客，2011年6月，為了響應美國農業部推出新的健康飲食表「my plate」，這間以沙拉聞名的餐廳生意更是火紅。有一次我用餐時，赫然發現湯內有長約半隻小指長的塑膠帶，跟店方反映後，他們立刻請「經理」來處理，二話不說就先向我道歉並更換餐點，同時贈送三張下次免費的招待券（Complimentary Meal

Pass），充分表現出尊重顧客飲食安全不被侵犯的原則。

2012年9月2日，由於二名中國乘客在瑞士航空從蘇黎士飛往北京的航班上打架鬥毆，機長為保護全機乘客和組員的生命安全，決定讓飛機返航。瑞士國際航空公司發言人在接受訪問時說，鬥毆事件發生時，客機已經位於莫斯科上空，由於飛行安全考量，以及多數乘客沒有俄羅斯簽證，無法安排乘客住宿事宜，因此機長決定返航瑞士，並安排全機乘客住宿及次日班機前往目的地北京。

航空公司（主人）為保護乘客（客人）生命權的狀況，在日常生活中其實屢有所聞，世界各地各國的也都愈來愈能接受這種乘客生命權優先的處置方式和觀念。

此外，現代人只注意時間是金錢，事實上，時間更是生命的一部分。

每個人都一樣一天只有二十四小時，一個禮拜七天，一年三百六十五天。無論什麼階級、身分、地位、背景，每個人都一樣，上從總統、CEO、老闆、客戶，下至學生、員工、經理、店員……。大家擁有的時間都一樣，因此「守時」就是對他人的時間的尊重，也就是對他人生命權的尊重。

不遲到，不插隊（Early come, early serve.）都是展現對他

人生命權的尊重，就算早到一分鐘，也要尊重他人一分鐘的生命。

現代人一切講效率，重視承諾約定，尤其職場上一些被視為「小事」、「小節」的事情，卻往往是影響你一輩子的大事情。

現實生活中，太多人以為遲到沒什麼，只是爬不起來而已，沒什麼了不得。（千萬別提塞車，那只會讓人看扁你時間管理有問題，肯定不是有產能或有效率的人）根據美國人力資源顧問公司Vault剛完成的「面試禮儀調查」顯示：70%的企業主管只要面試者遲到超過15分，就會自動將他貼上「不合格」標纖。（同樣的情況包括面試中撥打手機，或突然離席10分鐘等等）

這也是為何遲到、不守時會讓第一印象扣分的理由。殊不知，遲到已經侵犯他人的生命權，更傳遞出「不重視、不在乎承諾」負面的非語言行為態度或觀念，當然無法取信於人，令人感覺不舒服。就是這種感覺不得好感、不得人緣，就不得機會。

在美國任何公共場合，兩個人以上就要排隊。凡舉商店、賣場、銀行、車站或電梯等公共場合中，若不排隊或插隊就是

侵犯他人「生命權」，當然會令人產生不安與不舒服的感覺，而這種「非語言」、「身體語言」所表現出來的溝通方式不尊重他人、令人反感及無法信任與接受，得到他人的「白眼」以對也是很合理的「非語言」或「身體語言」回應。

這樣的「排隊文化」（lines-up）出現在美國所有公共場所中，機場、車站、加油站、遊樂場、公園、音樂廳、圖書館、展館、博物館、賣場、試衣間、公廁等等。就算買衣、試衣、退衣，都要安靜排隊，並與前者保持運當距離的等候（大約1/2手臂，目的也是尊重對方不被侵犯害怕的自由，即尊重他人的自由權，但不懂的人卻藉機插隊），等前者結束再跟進。

而公廁、劇院等購票或其他等待窗口服務（如銀行、郵局、圖書館、政府機關等）的排隊方式，多半是由共同排隊區排起，待服務窗口叫喚時再趨前就窗口定位接受服務。尤其公共場合廁所（如購物商場、機場、餐廳、戲院等）排隊從洗手檯前排起，而非每一道門門口開始。

事實上，排隊文化除了尊重人的「生命權」，也同時尊重私人空間「自由權」及「隱私權」，可以代表對他人的信任與修養的行為表現。

二十一響禮炮的由來

鳴放禮炮源於四百多年前的海軍禮儀,是當時海軍歡迎貴賓登艦的一種最高禮節,後人們將此種禮儀從艦船上引用到陸地上,從鳴放帶彈頭的火炮變為不帶彈頭的空炮。1772年英國規定,鳴放禮炮二十一響為歡迎國王和王后的禮遇。1875年美國國務院和英國駐美公使達成協議,將鳴放禮炮作為歡迎國賓的最高禮遇,即二十一響為最隆重,十九響次之。現在國際上鳴放禮炮的常規做法是:歡迎國家元首鳴放禮炮二十一響,歡迎政府首腦鳴放禮炮十九響。有的國家舉行盛大慶典時也鳴放禮炮。

鳴放禮炮之禮節,源起於海軍艦艇,用意在對他國艦艇表示「我現已無攻擊能力」。早在哥倫布時代,艦上主炮在發射一次齊放後,約需半小時才能再行發射齊放,因此鳴放禮炮就純然是表示友誼和信賴的行為。在帆船時代,軍艦排水量較小,艦上彈藥裝載量有限,當時軍艦對外國港灣鳴放禮炮以七響為限,因聖經稱「七」乃是個完全數字(譬如神以七天時間創造世界)。惟港灣要塞由於彈藥儲存較多,乃以軍艦禮炮響數三倍答禮,亦即以鳴放禮炮廿一響答禮。爾後艦艇排水量增大,彈藥存量相對增加,艦艇

鳴放禮炮最大響數乃一律訂為廿一響。就起源來說，這項禮儀起源於十七世紀時英國海軍，當時大英帝國殖民地遍及全球，國力強盛可稱為「日不落國」，為了顯示強大實力與國際地位，英國便要求其他國家在其海軍進港或經過他國炮臺時鳴放禮炮致敬以為尊崇。相傳從1730年開始，英國海軍就向國王和王后鳴放二十一響禮炮。

在1875年，美國國務院與英國駐美公使達成協議，把鳴放禮炮作為迎賓的最隆重禮節，國際外交禮節相沿至今仍是如此，「禮炮鳴放」也成為「國際禮敬」的正式儀式之一（「國際禮敬」包括國際會晤、國喪、國際慶賀等等的國際禮儀，屬於「外交禮節」的專業範疇）。

如果就禮炮施放的內容來講，現在國際通行的慣例當然以所謂的「二十一響」最隆重，對象是歡迎國家元首或其他相同等級的人士（除國家元首外，也包括國王、女王、教宗等等對象）；再來十九響是為迎送國家副首或其他相對應層級的人士；十七響為迎送副總理級官員，也有十五響和十三響禮炮的施放，總而言之，炮聲愈多也就愈隆重，但目前最多的還是二十一響禮炮的施放。

而在國是訪問歡迎典禮中，最重要也最矚目的就是鳴放禮炮。禮炮響起時，軍禮及歡迎典禮就會開始。這就是大家在各大媒體上看到的：「2011美國總統歐巴馬以最外交高規格的軍禮歡迎中國主席胡錦濤來美進行國是訪問」……等標題。

　　為表達至高莊嚴隆重的氣氛，禮炮施放有一定的禮節。以最高規格的二十一響禮炮為例，鳴放的第一響必需和敬禮樂章的第一個音符同一個時間。以一分鐘為單位，並用每三秒的間隔鳴放一響禮炮，同時演奏來訪國的國歌，再演奏本國國歌，一直到二十響禮炮施放完（60/3＝20），加上一開始與敬禮樂章的第一響，一共二十一響禮炮。

　　通常各國的國歌大約一分鐘長度，和鳴放二十一響禮炮時間一致。在國家外交禮儀中，先演奏來訪國國歌，再以二十一響禮炮的莊嚴隆重搭配，是表現以客為尊的敬意與榮耀。其中「鳴放二十一響禮炮」及「先演奏來訪國國歌」，正是國家對國家之間用非語言溝通的方式，傳遞放下武器，歡迎來訪國的元首，並保護其生命權的最高敬意的想法和表現。

　　（參考資料來源：百度百科、Wikipedia、Yahoo!）

2.自由權（freedom of right）

是指每個人都有免於被驚嚇、恐慌、害怕、擔心、不安的自由，並且給予尊重的感覺。

2010年，小學老師隆‧克拉克（Ron Clark）是唯一被美國歐巴馬總統接見過三次的民眾，榮獲「全美最佳教師獎」的他，最令人稱道的是其著作《優秀是教出來的》（The Essential 55），這本在美賣出超過百萬本的銷售書、掀起教育討論風潮的書，強調不論本來成績如何、品行如何，他都可以讓孩子脫胎換骨，就算問題小孩也可以變成優秀生。

克拉克的五十五條規則中，第一條就是：

Respond to an adult when spoken to.

與大人應對，要有禮貌，有分寸、有應答。

與大人面對面應對時要有應有答，例如「是的，先生」、「是的，女士」（Yes，Sir or Maden）。

第二條是：

Make eye contact when spoken to.

與人說話時，眼睛要注視對方的眼睛。

這首要二條正是教導孩子善用身體語言表達尊重他人的自由權。在美國，小朋友都會說的三句話：

"Please"、"Thank you"、"Excuese me"

幼稚園老師都會教小朋友"Please and Thank you"，同時還會教導他們"Say excuse me when you're close to others"，這就是在教小朋友尊重他人的自由權。

在學校見到人（老師、同學、家長、朋友等），主動先對他人打呼，當進入他人的空間（指房間、教室、辦公室等）或身體個人空間Personal Space（指靠近他人或要超越前面者行進時）時，不應驚嚇到他人。

與人交談保持目光接觸，展現對自己的誠懇、自信與大方。

懂得將這二種身體語言運用在人際關係上，孩子無論成績好壞，在團體中都將因為懂得表達對他人的尊重而被他人信任、肯定及尊重，因而得到自信。如果日後養成習慣，運用在職場中，他也一樣會受人歡迎、信任及尊重。

 *Etiquette*

「主動打招呼」禮節的由來

美國早期的西部牛仔文化以狩獵打戰為主，使用

槍支的場合與對象不是戰就是和。雙方一旦碰面，為了消除對方警戒心，避免和任何陌生人一有眼睛接觸時以為是敵人就要準備拔槍。所以美國人習慣見到人的時候，一有眼神接觸，就要用微笑或打招呼來表示我是友，不是敵人。

中國與美國國情文化不同，因此以下這種令人不安，甚至莞爾的身體語言畫面，大家應不陌生。

初次見面的場合，老中熱忱好客的本性，一見老外客人，又近距離握手、拍肩、搭背，外加近距離的四目接交……只見老外頻頻點頭往後站。美國人非常注重「每個人都有免於恐懼和被騷擾的自由」，因此文化上對「個人空間距離」（Personal Space）的認知差異，讓身體語言也有不同的詮釋與表現。

國際禮儀中尊重的精神，也包涵了尊重他人的感受、感覺。而「個人空間距離」（Personal Space）的規範就是出自於此。人與人之間都各自擁有大約一個手臂長的距離，可保護自己免於遭受恐懼害怕的自由，這種像一個大氣球似的空間環抱著你，讓你有足夠基本私人的空間感到安全及被尊重，即人類

天性本能的「舒適空間」（Comfort Zone），一旦這種空間被侵犯或被打破時，本能會產生不安、害怕，甚至出現反感。例如，走路行進時，有人從後方超越自己，若不先向前者的你打聲招呼，如「對不起」、「借過」的話，突然由後方閃出來的人會讓你本能反應地嚇一跳或閃開，接著可能白眼相送或脫口訓人「喂！你沒長眼睛呀！」。

所以當你第一次和對方認識的時候，不可以太靠近對方的身體，要以一個手臂的距離問好，並行握手禮及注目禮（Eye Contact），這樣的身體距離令人沒有壓迫感，因為沒有侵犯對方的自由權，讓他人感到舒適與被尊重的感覺，當然可以完美的建立良好的第一印象。反之，則容易讓對方有不舒服的壓迫感。

在美國的所有公共場合中，每個人要尊重他人免於被驚嚇、害怕、恐懼、不安的自由。這就是尊重他人的自由權。這同時也包括不做出下列負面的非語言行為，令人有反感、不安或失禮的感覺：

（1）不在別人後面按喇叭、大叫。

（2）出入門口，幫下一位握住門，避免回彈的門驚嚇到下一位。

（3）在出入口處，應該讓裡面的人出來，後面的人再進去。（所以Pull的字樣會在門外，Push的字樣會在門內，你注意到了嗎？）

（4）經過別人身邊或進入他人空間說聲「對不起」（Excuse me）。

（5）行進時不跑步，當大家都速度一致地行進時勿跑步。例如：機場大廳、車站大廳、購物廣場、圖書館……等公共場合中的開放空間若有人快走或跑步方式行進，易造成他人慌恐、害怕，以為有什麼事發生了。

（6）不在行進間擋住他人。（行走的時候，迎面走來的人突然擋道我們的方向時或在轉彎處擋到他人。）

（7）主動打招呼。（也是不驚嚇到對方的表達方式。）

（8）當與人對話時，與他人保持適當距離。（約3英呎）

（9）對話的音量，以二人距離可以聽到為限。（會議、演講等商業活動除外。聲音過大，他人會以為有糾紛，甚至害怕有打架暴力出現，令人不安。）

（10）讓他人於需要時可獲得安靜獨處的時間與空間。

（11）雙手不插放口袋。（他人會擔心口袋內藏武器之類的東西。）

（12）男士入室內要脫除帽子（除禮帽、軍帽）、手套。
　　　（他人會擔心帽子內藏什麼東西？）

（13）行握手禮時要脫去手套。（同上的擔心）

（14）行握手禮時，另一隻手一定要外放給對方看見。（不
　　　可放身後，不可放入口袋。）

（15）雙手不交叉或環抱胸前。（同上的擔心，也是不認同
　　　他人的肢體表現。）

（16）對話時的手勢，不超過肩部。（過大誇張手勢顯粗魯
　　　令人不安害怕變成打人的動作。）

（17）不用手指著他人。（令他人有壓力、不安感。）

（18）不盯著他人看。（令他人有壓力、不安感。）

（19）餐桌禮儀（Dinning Etiquette）中，進食的時候把雙手
　　　放桌上。（表示手上沒有武器或不利他人的東西。）

（20）用餐時，不持刀叉說話。（令人驚嚇害怕。）

（21）用餐時，不伸手拿取超過一隻手臂距離以外的食物或
　　　物品。（令人驚嚇害怕。）

（22）用餐時，打噴嚏、咳嗽一定要用口布遮住，同時臉側
　　　向一邊。（避免侵犯到他人擔心健康上的問題。）

（23）公共場合不吐痰，不抽煙。（同上的令人擔心。）

（24）電梯中，擁擠時，勿自行伸手穿越人群按鈕。

（25）在飛機上，椅座後倒時，應向後看或說聲「對不起」
　　　再往後倒。

　　以上這些肢體動作傳遞出來的訊號，並非友善亦非尊重，
甚至侵犯他人的自由權，讓他人恐懼害怕不安不舒服的感覺，
當然沒禮貌、不合禮儀。

　　再仔細看上述餐桌禮儀上的部分動作，令人不安的動作也
都是不優雅的動作，或會產生不優雅的感覺。

「握手」禮節的由來

　　許多歐美禮儀中的規定是來自歐洲的英法兩國。

　　早期帝國的建立少不了「騎馬打戰」的歷史背
景，騎馬拔劍、拔槍都靠右手，故禮儀文化中也都強
調右者為大、右者為尊。打仗時，右手持刀劍相待對
立，一旦停戰求和，為向對方表示友善，就會放下持
刀劍武器的右手，刻意亮出包覆盔甲下的手，讓對方
清楚看到沒有武器在手上，放下戒心。於是更近距離
的將雙手露出，並伸出右手和對方右手交握，便成為

表現友好、友善、不戰的誠意的方法，沿用迄今就成為「握手」的禮節。

人與人之間在不同場合與情境時自動維持的習慣距離，可以反應該社會文明的發展狀況、民族性和人彼此間的信任感。

根據研究，人類天生就有一種習慣和他人保持讓自己感到安全和舒適且不被侵犯的距離，此距離稱之私人空間（Personal Space）或自在區（Comfort Zone）。研究者根據統計資料，依人際間的親密疏遠等關係之不同，以當事者為中心，向外劃分出四種不同定義的距離：

（1）**親密區**（Intimate Zone）
 與自己身體距離0.5呎（feet）。 僅限親情、愛情等關係類型的人。

（2）**個人區**（Personal Zone）
 與自己身體距離0.5～1.5呎。 一般限已熟識的人和朋友才可進入此區。常出現在非正式場合中。

（3）**社交區**（Social Zone）
 與自己身體距離1.5～3呎。 這是正式場合中社交禮儀

上，為尊重他人自在、安全，沒有威脅、壓迫、不安的侵犯感，可以友好互動展開交流的距離。

（4）公眾區（Public Distance zoom）

在一般公共場所3呎以上的距離。例如舉行演講，主持會議等。

一般社交或公共場合人際空間距離大約1.5～3呎，是剛好可行握手禮的距離。

然而，第一次與人交談或初識時靠太近，易令人有被侵犯的不安感，但離太遠則易產生不重視、疏遠的冷漠感，反而會造成人際上的誤會。

同樣情形發生在排隊文化上。排隊的間隔愈大，代表人的信賴性高，相信他人不會插隊，不會侵犯他的自由權。若間隔愈小，代表人的信賴性低，不信任他人，怕他人插隊，怕他人會侵犯自己的自由權。

因此排隊文化，不只涵蓋尊重人的生命權（時間），也尊重人的自由權（免受驚嚇不安的自由）。這間隔除了代表自己的安全舒適空間距離，也代表人與人之間的信賴空間距離。排隊行為也同時可以反應出該社會、文明中，人們的修養與社會成熟度的高低，因此不只國際禮儀，連心理學、人類行為學及

社會學都研究過排隊文化。

不過，電梯間、飛機上、排隊和擁抱禮等情境或舉動，卻必須打破個人的自在區（Comfort Zone），對私人空間（personal Space）是一大挑戰，因此也有較不同的禮節規範需要注意及區辨。（相關說明詳見本書附錄）

3.社交人格權（Social Hierarchy）

人類是群居的動物，二人或以上就稱為「團體」。而所謂人際關係就是指「個人與個人」（已經二人）或「個人與團體」（至少三人）之間的關係。

家庭中的人際關係（父母、夫妻、親子、公婆婆媳、兄弟姊妹等等）、職場中的人際關係（老闆員工、老闆主管、老闆客戶、老闆CEO、客戶員工、員工之間……等）和學校中的人際關係（校長老師、老師同學、學生校友……等），任何人際關係中，少不了有誰大誰小，誰先誰後等較勁比較，或優先秩序的紛爭，但這些問題都可以在國際禮儀的基本精神「尊重」下，結合表達友善和有禮的舉止，制定一套規範人的優先順序，如同交通法則一樣，讓道路上的各種大小功能不同的車

輛，配合路標號誌，有序安全地行進。

　　人際關係上以社交人格的高低來規範尊卑、先後、次序，以「禮讓精神」來表示尊重的意思。一般而言會依據下列原則來進行：

　　（1）職位高者＞職位低者。

　　（2）年長＞年幼。

　　（3）女性＞男性（Lady First）；已婚＞未婚。

　　（4）客人＞主人。

　　（5）男職位高＞女職位低；女職位高＞男職位低（在職場上不論性別，以職位高低論）。

　　（6）右者為尊。

　　（7）前者為尊。

　　（8）三人同行，中者為大。

　　（9）內＞外；前＞后。

　　（10）入門、進電梯、上樓、上車時，客＞主人；女＞男；位尊＞位卑；長幼孕優先。

　　（11）面門、背牆為大。

　　（12）近主人為大。

　　（13）最安全，最舒適，有景觀的位子為尊座。

（14）尊重各行業的職稱（Title），如侍者（waiter/wait-ress）……等。

以上這些原則，中國和西方國家有不少共通性，但有些特例需補充說明一下：

（1）女士優先權（ladies first），社交人格權衝突的情況之下，位階長者、尊者如果是男性，他有權選擇要不要讓女士優先。例如：你的老闆是男性，你是女性，進入電梯門時，你的老闆如果堅持讓妳先進電梯，你可以接受他的好意，或者反過來尊重他的老闆身分而讓老闆先請。美國總統歐巴馬也會幫國務卿希拉蕊拉出座椅招呼她坐即是一例。

（2）目前國人社交場合中的習慣和禮儀規範中，對於人的自由權和社交人格權的「尊重精神」上可再加強提升的部分：

a.服務員沒有尊重到客人的自由權

一般餐廳裡，侍者會近距離站在客人面前服務或近距離看著客人用餐（以方便即使提供服務），這種服務動作會令客人產生不安、不自在和不舒服的感覺，侵犯客人的自由權，反而不是尊重客人的感覺，不符合國際禮儀。

在國際主流的餐廳中，侍者所接受的服務訓練標準是：專業、立即、準確，且符合人性感覺需要，同時得尊重客人的生命權（生命、財產、健康、安危），自由權（不侵犯令客人感威脅、不安、不自在的感覺）及社交人格權（來者是客）。因此「即時準確的服務」是要「保持尊重客人的舒適區域（comfort zone）不受干擾為優先，並可以同時觀察客人任何需要，以便馬上提供服務」。

此外，「察言觀色」的服務訓練也很重要，這也屬於非語言行為訓練。例如，貼心專業的侍者可以在客人的眼神中判斷他需要什麼服務，當上的菜與點的不同或味道不對時，桌上少了刀叉筷子等餐具或紙巾、水……等，客人的眼神會傳遞出他的不自在、不舒服或疑惑，或者抬頭看服務員的方向。受過訓練的餐飲服務業者很快可以抓住來自客人的非語言訊號，作出判斷馬上反應。「小費」（Tips）的原意，就是付出即時、正確的服務所得的獎賞。所以服務業從業人員必須完整嚴格的專業訓練，才能符合領取小費的資格。

餐桌禮儀中也進行著「不用說出來就明白意思的符號」（Silent Code）。當客人離座後，若將刀叉平行並排在餐盤上，就是告訴服務員這道菜「我用好了，不再用，可以收走」的意

思。正確的放法是：刀叉平行放，叉匙朝上靠左，刀鋒朝內靠右，將餐盤視為時鐘以10：20的方向排放。如果你只是離開一下，講個電話、洗個手而已，還沒用完這道菜，可是一回到座位時發現你正享用的食物被收走了，此時請不要生氣，你應為他們的服務感到高興，這代表這家餐廳的服務非常標準，正確即時，是客人不懂禮節，而非服務員做出錯誤的服務。

b.客人沒有尊重服務員的社交人格權

一般顧客不太尊重侍者的社交人格權。對於各行各業不分位階高低或尊卑，都有一定的人格權被尊重，即使是清潔工也有他的人格權，在工作上付出時間、體力或腦力的人，都有基本的人格被肯定（我覺得可能是在中國沒有小費制度的原因）。對於餐廳裡的侍者所提供的服務，我們應該給予肯定的、尊重的態度。即使做不好或做錯，我們應該反應給經理或主管，是他們的教育訓練不足，才導致員工的服務不好。我在中國餐廳常聽到「叫你們的老闆出來」或「叫你們經理出來」，這雖是一種處理方式，但可以用不同的態度與口氣進行，切勿得理不饒人般理直氣壯。理智情緒，清楚陳述，對解決問題態度明確，而非藉機惡化事情，事情反而不易解決。

在歐美地區，侍者的服務好不好攸關他們的小費多少。訓

練有素的服務員懂得以好的服務換得顧客的高消費，公司良好的教育訓練和侍者自己的努力表現都有關係。

　　c.某些場合裡見到別人臉部毫無表情，令人不安、不舒服，這是侵犯他人的自由權。

在生活及職場中，有太多不相干、沒關係的人在我們四周進出，當我們在圖書館時迎面走來的行政工作人員，當我們參加友人婚禮在會場中，碰到或同桌不認識的來賓客人（彼此知道大家是受邀來的），當我們在自己辦公大樓進出時，不期而遇到同大樓不同公司的人（上下班時段你可以判斷出來的）……，沒有表情的臉，就像一塊「請勿打擾」「生人勿近」的招牌，保護了自己，卻也拉大了可能產生互動或建立關係的距離，甚至影響個人發展。

　　為什麼有人主動向你點頭、嘴角略上揚，並給予眼神的接觸時，你會感受到此人親切溫暖友好的感覺？主因是他尊重不令你有不安的感覺，令你舒服，其實就是他尊重你免於不安的自由權，不是有很多因此而被挖角的職場小故事嗎？

　　但是在職場上和一般人際關係上，給予表情上的「致意」是一種好的、正面的非語言行為好習慣。人際關係上，主動並習慣示友善、溫暖，是打破人與人之間距離最好的溝通工具。例如，在美國有些企業推行的「10/5」運動，就是鼓勵員工間養成10呎內見到人要給眼神相會式的招呼（eye contact）並點頭，若在5呎內見到人要打招呼，這種非語言式溝通的好習慣，會使公司對內對外都有主動積極友善的互動氣氛。

何謂騎士精神（Lady First）？

「騎士精神」＝「紳士精神」＝「Ladies First」，這是現代人直接對騎士精神人的聯想。騎士精神是源自於歐洲社會中階級的優越感，以崇高的道德修養，講求風度，重視榮譽，誠實守信，謙卑有禮，講就外貌舉止，有禮的應對進退，並且尊重保護婦女。這些是做騎士的基本美德要求。類似東方文化的「尚武精神」。

早期的騎士以「我們是奉上帝之名而來對人類進行文明教化的使命」，他們信仰聖經，對於歐洲民族的個性有深遠的影響，特別是崇高的道德修養及優雅的風度舉止，貴族氣質應對進退，有極高的自我要求使命。

騎士精神的宣言之一："I will harm no woman." 強烈表明不傷害女人、尊重婦女的浪漫氣質。

一般騎士經過嚴格的挑選、考核、比賽後獲得認證，才能進行騎士宣言。最後才被國王或公主在肩膀上用寶劍觸碰肩膀的動作正式被授勳為騎士。

美國有一則有關侵犯社交人格權中Lady First及騎士精神的新聞很值得引述出來讓大家思考：

《紐約時報》（New York Times）2011年11月3日報導：在亞特蘭大一家生意鼎盛的餐廳酒吧中，二名女子站在二位男士後方等位子，酒保情商二位男士讓位給女士們，他們不肯，結果雙方發生爭執，並鬧上法院。這二位男士都是非裔，一位是前職籃球員，一位是律師，等位子的女士是白人。

　　男士律師指控餐廳「假騎士精神的名目，行種族歧視之實」，並要求三百多萬元賠償。

　　經過一週審訊，陪審團裁定餐廳勝訴。理由是：在美國南方，讓位給女士一直是南方傳統禮儀之一。而且，行使禮儀規範一直是南方人身分教養很重要的行為修養的一部分。陪審團更認為不因現代數位通訊發達，而應忽略這項傳統禮儀。

　　（參考資料來源：Wikipedia、Yahoo!）

　　社交人格權亦強調「禮讓精神」，但這並非奉承或巴結，也不是討好他人。行國際禮儀的目的和討好他人或迎合他人的心態與動機是不一樣的。

國際禮儀中的禮讓精神，是挑戰現代人的「只要我喜歡有什麼不可以」的自我表現和品德修養。現代年輕人什麼事都要搶第一，總認為搶得第一才是真正的自我表現。但是在實際的職場中真正可以讓你搶第一的表現卻是在禮讓的精神中。

　　例如，和老闆、客戶搭電梯的時候，你絕對不可以搶第一個搭電梯；和老闆、客戶一起搭車，你也絕對不可以跑第一；和老闆去餐廳一起用餐，你也絕對不可以搶第一個點菜，動刀叉和餐巾紙。禮讓老闆和客戶的社交人格權，你應該等待到最後一個。

　　生活中許多小細節都應運用「禮讓精神」為自己舉手投足製造出發光發亮的非語言動作和形象：

　　（1）大門的出入口，為下一位Hold著門
　　（2）無論男女或職稱，誰最靠近門口（如電梯口）誰就開門，並為同行者Hold門、Hold電梯
　　（3）讓老闆、主管、客人、長輩、女友站或坐在最醒目的中心，或最舒適、最安全、景觀或光線最好的位置
　　（4）面對老闆、主管、客人、長輩、女友，專心聆聽，不亂插話打斷

（5）取資料、飲料、食物，離席、上車，讓自己永遠墊後

（6）看見老闆、主管、客人、長輩、女友，立即起身，微笑打招呼及問候

（7）與人交談以二人間距可以聽到的音量為主（會議中除外）

4.隱私權（Privacy Rights）

常見的隱私權尊重事項如不拆他人信、入他人房前先敲門，待應聲後才可入內、不大聲對話（不超過二人間隔對話，如講電話）、不問他人年齡、婚姻狀況、收入、住處、去向、健康等私人問題。尤其第一次與他人見面時，這些對人的尊重內容，也是他人應對你尊重的內容。

我們可以告訴他人「我從那裡來」，例如自我介紹或選美的場合，我們會很高興與大家分享「我來自那裡」（I came from…）等，但對於自己的「未來動向或去處」就是個人隱私的權利。每個人在這種精神與原則下，一律平等不可侵犯或被侵犯，無論不同身分、地位與背景，每個人都被尊重的。

GPS是否侵犯隱私權

　　美國有一則關於侵犯隱私權的時事新聞。

　　2011年4月8日洛杉磯《世界日報》綜合華盛頓報導指出，美國聯邦最高法院九位大法官八日審議，警方未獲得搜索狀卻利用GPS來追蹤嫌犯，是侵犯了隱私權，違反憲法第四修正案，對免受無理搜索，扣押權的保護……。國際禮儀的精神當中，尊重每個人的擁有不被侵犯的隱私權。尊重「不過問他人要去哪裡」的隱私權，我們可以過問他人從哪裡來，但是不可以問他人將去哪裡。在美國的憲法裡頭也是一樣被保護人民未來的去向，不被侵犯的權利。這個案子，明確的指出警方辦案過程，不可以為了有效率的辦案，而使用高科技的GPS來追蹤嫌犯，視同於侵犯他人的隱私權。

　　此案另一派的大法官卻認為，GPS的裝置只是監視嫌犯在公共街道上，所以不需要搜索狀就可以執行。因此兩派大法官為此案陷入激辯。

Chapter 4

無所不在的「隱性訊號」

　　早在兩百多以前，著名的英國經驗主義哲學家休謨（David Hume）即提出「所有觀念皆來自感官所得的第一印象或內在感覺」。

　　20世紀初，美國UCLA社會心理學教授亞伯特・麥拉賓博士（Dr. Albert Mehrabian）進一步研究實驗發現，**人類從他人身上藉著言語以外所獲得的資訊遠比言語要多**。而這些資訊透過姿勢、表情、動作，或其他非文字語言形成所做的溝通，在心理學上稱作「非語言溝通」（Nonverbal Communication）。

　　亞伯特・麥拉賓博士說：「當人們溝通的語言內容，和音調、肢體動作不一致的時候，55%的人會選擇相信肢體動作，38%會相信聲調。只有7%會相信自己聽到的話語。」

　　潘特蘭博士以數位探測設備，透過非語言的訊號，來預測人的行為。他發現，聽一個人在講臺上演講，就算不看他的講稿內容，只分析他在臺上用出來的語調、手勢，和聽眾互動所發出的「誠實訊號」來預測這個人的演說成功率，準確度可高達87%。所以充分證明非語言溝通和肢體帶出的訊號，對我們溝

通的影響力大大的超過語言。

　　麥拉賓博士將人類在互動溝通時可以從他人身上獲得的資訊情報分為以下比例：

55%	外表，儀容，舉止，表情，肢體動作（含行動速度）。 非語言部分／代表態度
38%	聲音（高低），音量，語氣，語調，節奏，說話速度。 非語言部分／代表感覺
7%	說話內容（語言部分）

　　其中，透過非語言行為方式傳遞出的訊號中，可以代表態度和感覺的「隱性溝通內容」就佔了93%。尤其當人們所說的與所做的出現不一致的時候，一般人則會採用相信「看到的」來做判斷的依據。

　　而這個由感官判斷的過程只需要7～30秒（別忘了光速快於音速），便形成第一印象的感覺。這就是著名的「**麥拉賓法則**」，也可簡稱55—38—7法則（即以上三種比例）。

　　換句話說，人與人之間互動溝通的方式與結果，93%都來

自是眼睛所看到的。正是所謂「聽你說那麼多，不如看你怎麼做」。而「以貌取人」也不再是沒有道理了。

見一面就影響很久

這項驚人的研究，不僅再深入地把英國經驗主義哲學家休謨所提出的「所有觀念皆來自感官所得的第一印象或內在感覺」中，將「感官」和「感覺」具體指出並說明。更印證人類做出決定或影響印象的因素是來自視覺的感官，由視覺將外表、儀容、舉止動作與表情等非語言行為的訊號，而形成的內在感覺。使得人類一直以為語言是遞傳溝通的主要角色起了大革命，由非語言行為的訊號進入「視覺效應解讀」時代。

為什麼而這個由感官判斷的過程只需要7～30秒，便形成第一印象的感覺？

You can not make a second chance for your first impression！
一旦印象形成，就很難變更。

英文這句俚語，幾乎無人不知，甚至連小學生都懂。

根據科學家的實驗，人的大腦很容易在很短的時間內作出複雜的判斷。一旦作出判斷的結論以後就很難改變。這就是第一個印象的最開始的原理，其實這背後有人類生理上大腦結構的運作的結果：人類的大腦當接受新的資訊進來的時候會將這些資訊和電腦一樣的進行編類、歸檔、儲存，再變成記憶。

　　大腦裡負責管理情緒功能的組織叫杏仁核，負責管理記憶功能的組織叫海馬體，它們與大腦周邊皮質層會形成所謂「大腦邊緣系統」（Limbic system）組合工作，一旦大腦接觸到第一次進來的資訊時，就會開始起動這項系統的組合工作，然後經過一一辨識，會快速進行分類工作，分類後的資訊放在一個專屬的記憶體以後就不容易在變動了。

　　這種大腦微妙的邊緣系統作用，產生不容易變動的記憶，在心理學上就被稱為第一個印象的「初始效應」（primacy effect）。例如：美國的女演員Julia Roberts給別人的第一個印象是什麼？我們也可以換一句話來問：Julia Roberts給觀眾的第一個印象的「初始效應」是什麼？答案一定是：厚唇大嘴，演《Pretty Woman》的女主角。這個就是Julia Roberts給觀眾的第一個印象，也是初始效應裡面持久不變的印象。

　　男女在交往的第一次約會（雙方第一次見面），如果男方

遲到，女生對男生的第一印象是「那個遲到的男人」，女生在提及或憶起此男生時，就常會首先跑出這個第一印象，反而他的其他優點或特色都記不住。

由於初始效應，特別是在第一次接觸的時候（例如：Julia Roberts跟觀眾因為這部電影而接觸。以前他演的片子沒人留意的小角色）會留下對方的深刻印象，所以才叫「初始」效應，也可以叫「首因」效應。

大腦除了有這項特別的第一次的記憶以外，它的腦緣邊緣系統作用也會產生「月暈效應」（Halo effect）。

就好像我們抬頭看月亮一樣，不只看到月亮本身以外，同時也將他的周圍的暈光一起看進去了。同理，我們平常若發現某人有某種特質（例如讓人感覺很誠懇的態度）的時候，就會假設他也應該擁有同屬性的特質（例如誠懇的態度比較容易讓人產生信賴的感覺）。這種相關特質的聯想效應就是月暈效應。

例如：某人運動項目表現很好，我們會聯想：他是好動的。他是愛戶外大自然活動的、他是健康的等等；騎一手好自行車，就會聯想「他平衡感好」；車開得好，就會聯想「他方向感夠」；見了人會打招呼，就會聯想「他有禮貌有家教」；

看到長輩會立刻起立致意或讓座，就會聯想他是「有教養的」。

在公司見到主管、老闆或客戶正要上電梯或要上車，會有禮示意先行、幫忙開門或示意主座上座給對方的話，主管、老闆或客戶就會聯想「不錯，這小子有Sence，以後有機會可以重用」。

懂得尊重主管老闆客戶的社交人格權高過於自己，而做出禮讓的行為，和一般俗稱「拍馬屁」絕對是二種不同的格調和層次的行為。

在職場懂得察言觀色的人，被稱為有sense的人。有sense的人被他人注意或重用的機會，常比沒有sense的大得多了。換句說，中國人說的「這人沒腦似的」！真是有智慧，又合乎科學根據的話。

「誠實」也可以測量

也因為大腦有這樣的特殊微妙的生理作用，人類便可以透過這種感覺產生「從小地方可以看到大地方」的能力，這與所謂的「直覺」必定也有某種程度的關聯。

美國歐巴馬總統的演說技巧和自我表現能力非常得民心，因此贏得人民信任和依賴。但是如果他的施政工作有些不當或者根本是錯誤的，一般民眾反而會幫他找藉口或理由為他掩飾，寧願相信他可能是一時疏忽或不留意，並不是真正能力不足，而沒有把施政工作做好。

　　這種心理上的反應，顯示一個人在某方面表現的很好，我們對他的評價，就可能超過他實際的能力。

　　由此可知，善用大腦的初始效應（primacy effect）以及月暈效應（Halo effect），確實可以幫助人際關係中建立良好的第一個印象。但是這個第一個印象是否正確，是否真實。是否心口合一、內外一致，還必須看他的言行舉止是否一致。

　　中國人所謂「相由心生」就是這個道理，這些都是進一步需要從非語言的肢體行為上來一一解讀洞察。

　　第一印象成立後想要變更很困難，如何確定哪個印象是真的第一印象？如何判斷運用「初始效應＋月暈效應」建立好的第一印象是內外一致的？

　　在人類行為學、社會心理學家及心理學家們的進一步研究下，2008年在美國MIT馬省理工學院人體互動實驗室主持人艾力斯・潘特蘭博士（Dr. Alex Pentland）終於有了更驚人的研究證明：

他發現人類在互動溝通的時候，身體會發出一種訊號，叫做「誠實訊號」（Honest Signals）或「社交誠實訊號」（Social Honest Signals）。

艾力斯・潘特蘭博士的研究報告，全記碌在他的書中《誠實訊號》（Honest Signals：How They Shape Our World），他給誠實訊號取個別名叫「社交科學」（Network Science）。他指出，人類互動時發出的訊號很誠實，它甚至是人類自古迄今演化後，成為人類做任何決策前，所依賴判斷的重要指標。

非語言的表達可信度絕對超過語言，且難以假裝或偽飾。

這些訊號其實就是非語言式的溝通（Non-verbal communication），例如：態度（attitude），笑容（smile），手勢（hand gesture），坐姿站姿（Sit and Stand Posture），音調語調（Voice, Tone），服裝（Attire），禮貌（manner），說話及動作速度（speed）等九大類非語言訊號。

尤其肢體或姿勢是下意識反應出來的動作，可信度高且不容易說謊。為什麼？因為人類的肢體動作是由大腦的腦緣系統直接控制。這些組織包括：

大腦內的杏仁核：可以對可能傷害我們的事物做出反應；（即前述的情緒反應）

海馬迴：可以存放記憶感覺和經驗的組織；

視丘和下視丘：可以過濾因知覺得到的訊號及維持體內的平衡。

當我們對身邊周遭環境感覺不適應、不安定、害怕、緊張甚至危險的時候，我們大腦的腦緣系統就立即啟動三種神經的反應：靜止（Freeze）、逃跑（Run）或奮戰（Flee or Fight）等求生存的本能反射動作。

想想看，每個人都有第一次的經驗，例如第一次的面試、第一次做商務簡報、第一次約見客戶。緊張嗎？害怕嗎？不安嗎？當時你的反應是如何？是不是很多人的反應是「腦袋一片空白？」這就是靜止（freeze）大腦本能的反射動作。

這些本能反射動作並不需要像語言一樣，要經過邏輯思考後才說出做出。我們的手遇到火或碰到燙的東西也一樣會自動不經思考的立即作出退後縮回的反射動作。另外，如果遇上老虎或獅子等危險動物時，第一個反應就是想快離開、快跑開現場，於是你的大腦立即反射動作在雙腳上，並且做好準備隨時要「落跑」的動作，額頭也會不自主地開始冒汗，心跳無法控制地加快……這些動作都是無法等你想一下再做出反應的本能反射動作。

人類行為學科學家做過實驗：讓只會爬行，尚未學會站立或言語的嬰兒，爬行至懸崖邊時，他會因為看著母親惶恐驚嚇的眼神和表情，而停止繼續向前爬行而避開危險。

　　這就是肢體天生俱有的「誠實反應」，透過身體、表情、所表現出來的非語言訊號，足以讓我們觀察到他人真實的情緒反應。

　　以上事實都協助我們證實：透過肢體表現出來的訊號會比口語說的更真實，而且更難以假裝或偽飾。

管管你身上的「廢話」

　　由於肢體反應出來的訊號如此真實，一般人由於不認識身體語言所帶給他人的訊號意思，在現實生活中可能因為習慣動作或者不經意、不自主的動作，與他人互動時不自知地造成誤會，甚至喪失機會，既可惜又無辜。

　　尤其在職場上，常聽到年輕人抱怨：我學歷不錯，儀表端正整齊，服裝及禮貌都注意到了，也感覺到面試考官對我的印象不錯，為什麼還是沒被錄取？現在你應該瞭解，關鍵可能在於「身體的誠實訊號」出了問題。也許某些負面的身體語言，

已帶給他人負面的感覺和態度，而你渾然不知。

　　根據人力資源網站Career Builder在2010年調查顯示：求職者的身體語言，才是左右他們會不會被錄取的主要原因。其中最多的不良姿勢有：

1.握手太無力

2.雙手抱胸

3.把玩頭髮

4.手勢太多

5.眼神不堅定

　　其中最大的隱形殺手，正是面試時不自覺洩露出來的「負面身體語言」。例如：

1. **眼神遊移**：你可能只是腦子暫時放空，不自主出現的遮蔽反應而已，無其他意思。也可能是心中掛著待辦的事情而已。但是，他人會以為你在說謊、想隱瞞、不堅定、不肯定、想躲避。在國際禮儀上，這正是「不穩重、不從容、不端莊、不自信」的表現。

2. **說話時皺眉頭**：可能只是習慣動作，沒別的意思。但是，他人會以為你沒興趣、反感或懷疑，甚至想要對方閉嘴以便盡快離開。在國際禮儀上這是「不端莊、不雅

觀」的表現。

3. **肩膀內縮**：可能也只是習慣動作，沒其他意思，但是他人會以為你太緊張，或者沒有把握和自信，所以肩膀非常用力。在國際禮儀上則表示「不端莊、不雅觀、不自信」。

4. **不停變換坐的姿勢**：也許是習慣動作沒有其他意思，或者你的坐姿讓你坐的不舒服，或者你真的很急想離開。但是他人會覺得你失去耐性，不想繼續交談下去。表示你對這樣的話題不耐煩。在國際禮儀上則有「不端莊、不雅觀、不尊重」的意涵。

5. **抖腳**：大部分的人都是無意識的抖腳，但是他人會以為你緊張不安，想要用抖腳的動作來安撫自己的情緒。在國際禮儀上也屬「不端莊、不雅觀」的動作。

6. **說話的時候下巴和脖子的角度過大或過小**：下巴上揚10度是很好有自信的說話表情，但是，角度過大的時候會讓他人以為你很自傲，不屑與對方交談、不同意對方的看法。角度過小則會讓別人覺得不夠自信，自己不相信自己講的話。其實這兩個動作都會讓眼神作出錯誤的感覺給對方：下巴上抬角度過大，眼神的視線會降低，好像

藐視對方；下巴上臺角度過小，眼神的視線會變成往上看對方，讓人覺得不受尊重或受懷疑。在國際禮儀上也「不端莊、不雅觀」。

7. **嘆氣：**有些人就是習慣沒有意思的嘆氣。但是這會給他人感覺消極、負面，不肯定他人，在國際禮儀上也是不端莊、不雅觀。

8. **誇張的眼神：**會給他人感覺你的情緒突然高漲、不穩定，而在國際禮儀上屬不端莊、不雅觀的表現。

9. **誇張或過多的手勢：**易讓他人感覺你可能緊張、不夠自信，欲以更多的手部動作分散緊張的情緒。又因誇張過大的手勢，會令人擔心恐懼的壓力（怕說者太情緒化而激動起肢體的動作）。

此外，面試時如果考官不時地看手錶或看壁上掛鐘，且身體上半身和雙腳朝向門口時，你可以知道他心不在此，不是有事急要離開這房間，就是對你的談話失去興趣或耐心，想趕快結束面談。

美國前總統小布希（George W. Bush）在選舉辯論會上，曾因「不時地看手錶」及「頻繁的眨眼睛」等非語言動作而影響

民調結果。

　　根據波士頓大學（Boston College）心理生理學家Joseph Tecce博士的調查發現：1980年以前，美國總統競選辯論會上出現「頻繁的眨眼睛動作」的候選人都失敗。即使2000年布希獲勝，也只贏得選舉人投票的部分，在普選部分則是失敗的。根據他的分析，一般正常眨眼次數是一分鐘20～25次。

　　再看看餐廳中，正在幽會的情侶，或臉紅心跳或眼睛含情脈脈，眼角下彎或嘴角上彎，或身體坐姿不自主地面傾向對方，尤其雙膝與雙腳會自然朝向談話者的方向。這些非語言的訊號，明白告訴旁人：陌生人請勿打擾！我們彼此正相互好感或熱戀中！

　　我們的身體無時無刻在「說話」，那是無聲的言語，而且常會不自覺、無意識、無法自主地向他人表現出來。如果你只記得想要將7%的談話內容準備好，那麼大多數時候，你極可能已經在極短的時間內失去93%贏得他人好感的機會。

九大社交誠實訊號

　　非語言行為中的九大誠實訊號，各有不同的判讀方式，因

相關細節相當繁瑣細微，在這裡我們僅能針對這九種誠實訊號略作介紹。

1.**態度的訊號**（Attitude signals）：成功的非語言溝通從態度開始，是最直接可以看出你的意願的訊號，尤其眼神，而「眼神」卻是態度表現的最前線，看得出你的所有態度意願。

2.**微笑的訊號**（Smile signals）：一個笑容勝過千言萬語，合適的笑容可以主動釋出友善誠意，有利開啟良好的溝通方式。

3.**站立的訊號**（Poise Signals）：穩健挺直的站姿，可以表現正面積極的人生觀，看起來沒有精神或搖晃身體，都會影響別人對你的信任。

4.**速度的訊號**（Speed Signals）：這裡的速度指二個方面：第一，對事情的反應回應速度。凡事拖拉延，是不積極、不熱忱、不在乎、沒活力、沒興趣的訊號。第二，對說話聲音（Voice）的速度反應上，也會有相同的感覺。然而，太快的話，又令人感到急躁壓迫，因此說話的速度以中慢速為宜。

5.**手勢的訊號**（Hand Gesture Signals）：適當的手勢可以表達自信肯定並令人信任的溝通效果。但是過多及不當的手勢，反而令人失去信任。

6.**聲音的訊號**（Voice Signals）：中偏低的音調，中偏慢的語速，是令人接受可信任的聲音訊號。

7.**禮貌的訊號**（Good Manners Signals）：有禮貌的應對舉止，可以創造令人感覺受尊重和諧與舒適愉快的溝通情境。

8.**習慣的訊號**（Habits Signals）：例如「習慣性常遲到」、「習慣性常嘆氣」、「習慣性常打斷他人說話」等，是他人觀察你的非語言行為重要的依據。

9.**儀容訊號**（Appearance Signals）：外表服裝儀容上可以表達一個人的強烈的企圖心。正確、合宜、乾淨、整齊、是絕對必備的。

（以上資料來源：《Honest Signals—How They Shape Our World》By Alex（Sandy） Pentland）

　　這九種訊號從人體的五種感官中洩露或表現出來，透過合適的「判讀」，很容易讓我們在極短的時間內抓住他人的「心情」與「思維」徵兆。

「眼神」（Eyecontact）與「笑容」是這九大訊號中最常使用，也最富學問的兩種訊號，在非語言溝通中也往往具有決定性的影響力。

中國人說：「眉目可以傳情」。美國人則說：*The sign of a truly great actor is What they are saying when no words are spoken.*（眼神會說話）一點也不誇張。

現代社會中，人與人的關係也變的來得快去也快，一不留心，表錯情會錯意，甚至誤會，都是會發生的。如何做才是適當的、正確的，好的眼神？說話時要注視他人的眼睛，這不僅是禮貌，更可以透過眼神來要掌握他人表達時的「另一層」意涵：自然，友善，誠懇，自信，大方，肯定，積極，有活力的態度及感覺。

使用「眼神」，要特別注意「位置」與「時間」。

眼神注視的位置大致分為三種：

1.專業的眼神注視區
（Professional Eye Contact or Power Gaze）
視線從雙眼平行至額頭眉毛間的距離。

這是眼神最正確，最權威，最強而有力的第一個印象區

域，尤其雙方四目交接時，至少持續3～5秒停定在這個距離區。這個時候的目光是自然友善的，蘊含著一股來自內心的溫暖，誠懇，以不漂移，不閃躲，不過多的眨眼動作，來傳達這分從容不迫的自信與堅定的感覺。

2.社交的眼神注視區（The Social Gaze）

視線從雙眼平行往鼻尖停在嘴唇間的距離。也稱 "V" touch.是意味 "getting to know you"，想認識對方的想法傳遞。在人際溝通上屬於善意的注視。

3.親密的眼神注視區（Intimate Gaze）

視線由對方鼻尖往下延伸至頸部甚至肩部以下部位。如果出現「頭到腳」或「上到下」的轉移，可能快速的，也可能慢慢的，這種注視方式強烈地反應出許多非正面的或其他想法，易令他人感到不安或不被尊重，屬於非友善的眼神溝通方式。但在親密熟悉的關係中則意義剛好相反。

在《麻雀變鳳凰》這部電影中，女店員以勢利的眼神對女主角（Julia Roberts）由上到下打量，與其說女主角被冷言冷語趕出來，更貼切的說法是她被沒有聲音、沒有字語，「無聲卻

帶話」的眼神給逼離開的，相對來講，這種以貌取人的現實態度，透過無聲的舉動更能深深烙印在觀眾的印象中。

　　眼神注視的時間，則視交談對象、雙方關係、內容等狀況而定。一般來說，聆聽時的注視時間愈長，代表專注、尊重、有興趣、同理心及被認同、被肯定。

　　說話者與聽話者，二者間注視眼神接觸藏有一種「黃金比例」：說話者注視對方占談話時間約40%～60%（不超過三分之二），聽話者注視說話者則占80%（超過三分之二）。雙方低於30%可視為不信任、不自信、不在乎、沒把握、沒興趣的負面眼神感覺。

　　職場面試或生意上的拜會簡報中，若交談對象不止一位以上，聆聽時的眼神，應注視著說話者（並避開目光呆滯的注視）；回答時，則要將主要目光接觸時間放在提問者，同時別忘了將次要目光時間平均注視看著其他與會者，以示對參與者的尊重。

　　另一方面，眼睛會說話，眼睛也會說假話。當交談對方企圖躲開四目交接，或不敢正視的時候，除了揉眼，眨眼次數變多以外，手也會不自主的摸嘴及脖子。

　　除了位置與時間，眼神注視的距離、其他象徵性的小動作

（如皺眉、挑眉、瞇眼、斜視）也都是眼神攜帶與透露的訊號類別。

　　九大誠實訊號中的另一位主角是「微笑」（Smile）。

　　笑容和眼神都位在人體的首位——即面部，這是身體最容易向他人暴露的部分，更是表達情感、情緒、態度、想法等訊號最直接也最豐富的部分。因此傳遞「發自內心的」、「誠懇的」、「友善的」、「令人感到溫暖的」等感覺，最容易產生明顯的反應。

　　眼神與微笑如此重要與有效，我們可以用一個堪稱經典的社交畫面來表明。

　　2011年3月22日，美國總統歐巴馬夫婦以國宴接待來訪的中國國家領導人胡錦濤主席，當晚男女主人以完美隆重又優雅的大禮服（black tie）和晚禮服（evening gown）雙雙站在白宮宴會廳門口親迎客人的畫面，無聲勝有聲地傳遞「有朋自東方來，不亦樂乎，不亦禮乎」的誠懇歡迎之意。尤其女主人蜜雪兒一襲大紅色晚禮服，更道盡「無聲」的方式昇華為極至的「BQ」美學，對客人展現最高境界、最極至的歡迎。我們同時在胡主席的微笑表情中，清楚看到他的高興、滿意、喜悅與尊耀。我不得不票選這是2011度最佳「眉目傳情，微笑傳心」鏡頭，也為全世人示範了最完美的主人待客之道。

Chapter 5

動手改造第一印象

2012年美國總統大選，歐巴馬再次震撼地創造美國的歷史新頁，成為1996年以來，首位在高失業率7.9%的處境中仍然獲選連任的美國總統，是第二次世界大戰後美國民主黨第二位連任成功的總統。（第一位連任成功的總統是柯林頓）

在這次勝選中，根據出口民調顯示，歐巴馬獲得五分之三全國年輕選民（18～29歲）的投票支持，而佔選民總人數近四分之三的白人選民中，支持歐巴馬的占40%。

為什麼一位黑人總統可以獲得近半數的白人選民支持？

為什麼過半數的美國年輕人支持他？

為什麼高達76%的美國人都認為經濟情況很差或不太好，但選民卻傾向不責備在金融危機和嚴重衰退時上任的歐巴馬？（只有38%的人怪罪歐巴馬，53%的人表示應責備前總統小布希）

究竟歐巴馬是用什麼祕技爭取選民支持？

為什麼連政治界的領袖、工商界的精英都視他為學習對象？

如果排除學歷、經歷、口才，歐巴馬在「非語言行為溝通技巧」上成功「征服信任，打動人心」的心法是什麼？

心法一：
站坐立和走動（移動）的動作（Poise & Movement）

·筆直穩健堅定的站立姿勢

雙腳與肩頭同寬，背部腰部及膝部挺直的站立。即使時間再長，肩膀背部與腰身仍不放鬆（即沒有縮肩彎腰彎背的動作）或傾斜、搖晃，或腳底拍打地面，或鞋底沒有貼地面。只是偶而出現一隻腳跨越另一隻腳的重心交叉輪流放在雙腳的站姿。

·穩健不偏的移動動作

走動移動時，仍保持身體不偏離中間線，頭不偏斜，肩不側傾的移動，並且腳步堅定移換（鞋底吻貼於地面），雙手平穩放在身體二側。

這二項動作充分展現自信、從容、肯定堅定的訊號。也是運用肢體掌控情緒的高難度技巧。尤其談話內容較激烈尖銳，甚至被對方激怒時，他都不會動搖身體或頭部（包括臉部表情，如皺眉、抿嘴、搖頭、舔唇、眨眼，鼓起腮幫子或嘆氣等）

·與人交談時專注的坐姿

永遠保持上半身微前傾向說話者的方向。配合誠懇專注的眼神。這項動作展現在乎、尊重、誠懇的訊號。

【練習技巧】專注在乎自信的坐站姿，絕對可以習慣養成！

心法二：
手勢（Hand Gesture）

- **握球狀式手勢**（Waving Ball）

  雙手五指張開，對觸指尖腹部，是從容自信的手勢表達。

- **做勢切狀式手勢**（Cutting）

  手掌五指平握，與地面或桌面成垂直狀切下動作。是展現強而有力的積極，堅定與自信的手勢動作。

- **指塔狀式手勢**（Pointer）

  雙手三指向掌心內握，食指與拇指指尖腹部相扣。狀似指塔。是專業穩健自信肯定的手勢動作。

- **掌心向下手勢**（Palm Down）

  配合坐站立時，整個手掌直按住桌面。展現霸氣的，領袖的堅定肯定與自信。

- **掌心按撫或觸碰手勢**（Palm Touch）

  整個手掌按撫自己左胸口或對方的背部，或肩膀，或手臂。這是主動釋放真誠關切與情感的溫馨動作，並展現

無距離無障礙直接的親切感。

・**有力度與溫度的深V式握手手勢**（Whole V to V Hand-shake）

右手拇指與食指分開，呈V字狀。食指與後三指緊密靠攏行握手時，緊包握對方V部掌心。手掌與地位呈垂直狀。與對方透過手掌的接觸，傳遞有力量的自信與有溫度的誠懇動作。

【**練習技巧**】適當的手勢是為加分功能而出現。雙手分開，手肘打彎在胸前，但不過肩的高度。

心法三：
聲音（Voice）

歐巴馬的聲音會說話。歐巴馬的聲音有溫度。歐巴馬的聲音沒有距離感。除了先天音質外，清楚的發音咬字，沈穩的中慢語速，平緩的中低語調，控制強弱，大小、高低分明的節奏與音量，但不極端的起伏。尤其搭配擅長運用語氣與語句間適當的停頓技巧，充分掌握並凝聚聽眾的情緒與氣氛，不但與聽者結合為一，更將陳述內容結合，達到讓說話者與聽眾間毫無距離感的情境外，更展現自信真誠的說服力，打動人心。

【練習技巧】有情緒的聲音絕對可以運用語氣語調和語速等方法練出來！

心法四：
眼神（Eye Contact）

無論採用堅定不移的眼神（面對對話者時）或堅定又緩慢移動的注視眼神（面對群眾演說時）他一定慣用「誠懇與自信的」、「堅定不遲疑的」、「專注不游移的」方式，向三面漸進注視（面對群眾演說時），或向專業眼神區的注視（面對對話者時）即注視對方雙眼到額間區域。

就算被對話者提出尖銳質疑的話題，也絕對不會做出搖頭或不耐煩的表情。充分展現不被情緒影響，更表達無比的堅定與自信，誠懇與積極。

【練習技巧】誠懇的眼神絕對可以運用鏡子勤快練出來！

心法五：
微笑（Smile）

歐巴馬絕不會錯過真誠（Genuine）發自內心的微笑！那是傳遞自信從容，友善和諧的強烈溝通訊號。

【練習技巧】面對鏡子如面對心愛的人時，你一定可以練出來！

心法六：
無藥可救的堅強意志（Strong Mind）

即使遇上挫折與失敗，他還是保持堅定的、積極的、樂觀的意志力與態度。例如他曾對他的幕僚團隊說：「即使落選，我和我的家人一樣會好好過日子的！」甚至當第一次總統辯論會後民調大幅下跌時，他仍對他的選民說："Are you with me？"（你仍與我同在嗎？）

【練習技巧】正面的言行表現，絕對來自正面的想法與觀念！

> **註** 歐巴馬曾在競選活動中說：「命運不是擬好的劇本；命運是靠我們自己創造。」四年來，歐巴馬自始至終應付所有不同的困境，但有件事他從未改變：他依然保持自信和求勝的堅強意志。

以上他這些非語言的肢體動作，之所以可以做得如此收放自如，真正成功的關鍵在於他不斷、不停、重複的練習，才有

這樣的結果。這是後天努力的成果，和他做總統的頭銜不能畫上等號。

在美國的歷任總統當中，可以像歐巴馬一樣運用非語言肢體動作傳遞「打動人心」的影響力，大概只有約翰・甘乃迪（John Kennedy）和黑人民運領袖馬丁・路德（Martin Luther King）。

第一印象由你操控

是的，歐巴馬總統這場首次的國情諮文演講，給全美國人及世界營造出漂亮成功的第一印象。但我們要問：到底是誰在決定你的第一印象？

答案是：**你自己！**

你留給他人的第一印象，是他人從你身上取得訊號後產生與決定的。

你給什麼訊號，他人就依據在你身上「表演」、「透露」出來的訊號，來判讀並決定你的第一印象。因此千萬別怪別人對你的第一印象不好甚至誤解你，因為問題多半確實在你身上。

正如歐巴馬總統一樣，為搏得國會議員與全國人民的信任，

他對外發出正確自信的訊號，所以他給人的感覺是誠懇的、自信的，訊號發出的方式正確，自然能贏得人們對他的信任。

這結果也符合歐巴馬的期待。

沒有人會信任一個不自信、不誠懇的人。換句話說，你給什麼訊號，他人就解讀什麼。於是在他人心中會浮現「那就是你」（That is you）的印象。如果那天你發現「別人描述的你」不是「你期望他認識的你」，你就應該懷疑：你可能給了別人錯誤的訊號！

所以，更細心「演」給他人正確的訊號就顯得非常重要。正如我們前面所提的：要發出可以讓他人對你察言觀色的訊號。給他人什麼樣的非語言行為訊號，就會創造什麼樣的第一印象。

這是自己的選擇！自己的決定！是自己的責任！

更正確地講，這並非「演出」，而是以更精確的方式，將正確的訊息傳遞出去，將錯誤的、亦引起誤解的訊息修正掉，目的是讓他人接收到的訊息和你期待傳遞給他的訊息「一致」。

一般人提到第一個印象的「感覺」，直覺反應就是認為「那很主觀」，「決定權在對方」。印象是好是壞，可能跟運氣有關，不然就得看看雙方投不投緣、八字合不合甚至來不來電等等。

這觀點看似消極、被動，又有點無奈感，也間接造成一般人面對第一印象的問題時，反應是多半是「操之在對方，成敗在對方，結果在對方，甚至責任也是在對方」。好像自己再如何積極努力，都不可能改變他人對我的第一印象。

然而，**愈來愈多科學家以實驗研究證實：給他人第一印象的決定權或主導權，絕對來自「自己」而非對方。**

第一印象來自於自己給他人的訊號，他人唯有在接收到發自你的訊號時，才有機會判讀、辦識訊號後獲得「對你的感覺」，進而產生答案或決定。

因此，如果我們懂得應該向對方發出什麼樣的訊號，並熟悉、且有能力掌控訊號發出的「品質」，我們自己絕對可以主導控制權，要製造什麼樣的第一印象，都能符合你的期待。

我們來看看兩個例子。

一個身材矮小的人，別人對他的第一印象一定是「個子矮小的那個人」？

其實不然。如果這個人擁有整齊、乾淨的儀容，有精神與活力的說話及走姿的動作，專注誠懇的應對眼神和表情，有禮貌的進退打招呼、握手、寒喧，那麼他給別人的第一印象可以變成「那個彬彬有禮的小子」、「那個衣服穿得好筆直整齊的

小子」、「那個說話很實在誠懇的小子」、「那個態度不錯的小子」，或者「那小子感覺不錯」。

而這些附著在「小子」二字前面的形容詞，都是你可以創造及塑造的「後天努力」。先天個子小或許無法改變，但在創造印象的效果上，「後天努力」往往比「先天限制」更有效。

你真正想帶給他人肯定的價值，不會在「身高矮小」上受阻礙，卻能在後天努力上贏得更高的肯定。那才是自信，也是他人無法代替的自信。因為那是努力爭取贏來的，不是天生擁有的。

當人們看到中國最大購物網站阿里巴巴的執行長馬雲時，相信我們會用好多不同的形容詞來描述對他的第一印象，但最後似乎最被人們遺忘的是他的身材。

同理，一個黑人，千萬別以為他給人的第一印象就是「那個老黑」。如果他努力上進唸書，勤奮工作，愛家愛民，為社區、為人群，正面積極、鼓舞人心……，當他成為有影響力的領袖時，先天的「那個老黑」也早被他後天努力的光芒蓋過去了。

你一定知道這是美國總統歐巴馬的故事。你知道歐巴馬抽煙的樣子嗎？你知道推動戒煙他身體力行改變形象？

沒錯，這二個大人物是一般社會大眾可以公開看到的例子，但其實現實中有太多大家看不到、但你自己卻看得到的例子，不斷地在告訴人們：第一印象的主控權在人們自己手上。

積極、主動創造第一印象

　　我們更可以打破這種錯誤傳統的主觀感覺，以更科學的、更客觀的來角度來建立正確的觀點：第一印象的創造是自己的責任。只要清楚明白第一印象的定義，就會更印證：

　　因為我如此演，所以對方認為那就是你。

　　What you act and That is you.

　　一個認真或有天分的演員，會讓觀眾相信他（她）和所扮演人一樣，幾乎是同一個人。成功的戲劇或演員總有讓觀眾「信以為真」的魅力。但若演員沒有很認真、積極地「入戲」或揣摩角色，又如何能深化其感染力？

　　積極、主動、不斷練習，我們刻印在他人心中的「印象」才會鮮明深刻，且無偏差地符合你的預期。

　　由人類規範出來所有的禮儀，舉凡國際社交禮儀（Etiquette）、國家外交禮儀（Protocol），都是最正確、最嚴謹、最合宜、最合人性、最合科學的非語言溝通行為，也正是值得我們學習的最佳範本。

在職場中，站沒站相，背不直，腰不挺，叫他人如何相信你自傳上（文字）或口中（語言）所述，是一位「積極、有活力」的人？

又坐沒坐相，背部全斜躺在椅背上的坐姿，與說話者的對話距離呈拉開分離的，甚至翹腿抖腳的，叫他人如何相信你可以代表公司或老闆去接洽客戶，甚至像自己描述自己的一樣是一位「親和、誠懇、專注，在乎他人」的人呢？

我們可以倒過來想一想，學歷背景像馬雲或歐巴馬（甚至優於他們）的人太多了，為什麼他們的第一印象這麼與眾不同？難道他們不抬腿抖腳？難道他們背不酸、腰不累？

每個求職者必定經歷過寫自傳履歷的經驗，絕對沒有一個人會在自傳簡歷上如此形容自己「我是個不在乎儀容，不拘小節，坐沒坐相的人」，因為你明白，真這麼寫的話，你也不會寄出去，你其實也很清楚，這些描述只表示「你是不在乎任何事任何人的人」、「你是只在乎你自己的人」、「你不會在乎這份工作，也不在乎與工作夥伴或客戶產生良好關係」，若你

是老闆，會錄用這樣的人嗎？

　　所以每個人在自我介紹的時候，會運用文字來形容自己，甚至包裝自己。可是第一印象不是只要看你「包裝」（文字），而是要看你怎麼「做你描述的樣子」（非語言行為溝通），也就是看你有沒有「言行一致」、「名符其實」。

　　在國際禮儀上，站姿的要求就是「背和腰和膝」都要直。也是不彎腰、不駝背，若你以為這是當空姐或服務員才需要的訓練，那就大錯特錯了。這個禮儀上的要求，是要給對方感受到「尊重與在乎」，想一想：和你互動的人，若都能感受到你的「尊重與在乎」，他人對你的評價不就會像我們對空姐的印象一樣「美好」、「親切」、「舒適」嗎？

　　正面的「非語言肢體溝通」是積極、有活力、自在、從容、令人舒適的。所以為什麼要學站姿，站有站相？就是要讓他人獲得對我積極、有活力的印象，並且做到尊重對方的感覺。

　　反過來說，如果你給他人的感覺是沒有活力的、消極的，甚至令人不自在，不舒適的時候，即「非正面的」、「負面的」非語言肢體溝通，一定就是所謂沒禮貌、目中無人、不在乎、不尊重的印象。與其要怪罪父母天生給身材矮小身高或黑皮膚的基因，或怪罪對方的八字和自己不合，不如誠實面對你

自己給他人的「非語言行為訊號」，因為那才是真正影響第一印象的要素。

事實上，當一個人把「非語言肢體溝通」變成一種生活習慣，無形中就不斷在讓自己更自然能「融入」你所期望在他人心中建立的印象。因為「非語言肢體溝通」也是在跟你的「自我」對話，把印象內化，建立在你自己心中。

也許剛開始需要不斷練習，才能「產生」你期望讓人看到的樣子。久而久之，你就會「進化」得好像原本天生就是這個樣子。

反覆練習、不斷檢查

我們還要知道「如何依據不同的場合、對象、事情、時間及身分表現出不同形式或風格的非語言肢體溝通」，目的就是要完成正確的訊號傳遞，以取得信任，並建立關係的終極目標。

人類社會之所以演變出不同的禮儀規範，其實都是用來規範參與社交活動的成員，以便正確傳遞正面溝通的訊號給他人。這種規範方式讓我們在言行舉止、應對進退、舉手投足間完成一個自我的樣態，並達成「非語言溝通行為」或「身體語

言」一致的目的：

訊號 ➞ 傳遞（尊重）

➞ 贏得（信任）

➞ 建立（良好關係）

這些訊號是不用一字、一言、一句的語言，而正是透過「非語言溝通行為與技巧」（Non-Verbal Communication Skill）來表現。

透過非語言方式傳遞的訊號有四個部分：

1.表情

如：臉部眼神，嘴部微笑，頭部點頭，下巴平放角度；要傳遞出的訊號（感覺）：自然、誠懇、堅定、積極、有活力、有自信，發自內心的、溫暖的。

2.肢體

如：肩膀、手勢、坐姿、站姿、雙腳，身體方向肚臍方向；要傳遞出的訊號（感覺）：自然、誠懇、自信、大方、從容、穩重、端莊。

3.服裝儀容

如：髮型、女性化妝、服裝風格、配色、配件；要傳遞出的訊號（感覺）：穩重、端莊、簡潔、大方。

4.聲音

如：音調、語氣、節奏；要傳遞出的訊號（感覺）：誠懇、穩重、堅定、有活力、有信心。

這四個部分所傳遞出訊號的目的也正是所有禮儀規範的目的是一致的。

「**自信和誠懇**」是人際互動中，最容易贏得所有人一致肯定的期待印象。我們要如何用「禮儀」來表達可以令人接受的「自信和誠懇」的樣子？

1.**臉部表情**：與對方眼神注視；嘴角放鬆或微上揚，不露齒淺三分抿笑；適當點頭應答或聆聽；下巴平放與脖子成垂直狀或輕揚10度。

2.**肢體**：淺坐，上身微傾向說話者，站立時雙手自然垂放在對方可以看到的地方，男士雙腳略分開，雙手平放或交握在大腿及腹部間，適當不誇張的手勢，勿頻更換坐姿，並保持雙腳底穩健著地。女士坐姿雙膝雙腳併攏側傾一邊，雙手合握平放裙邊靠腿。

3.**服裝儀容**：保守套裝色調及款式，力求整潔挺直不皺，簡單配件及飾品（手錶、筆記本必備），整齊乾淨的髮

型及化粧，注意汗味、口味、指甲等個人衛生習慣。女性忌穿露指包鞋，男性忌穿未擦乾淨光亮的皮鞋，且勿著白色襪子。

4.**説話聲音**：速度中慢調，聲音中低音，口齒用字清楚，有組織、有條理，避免使用習慣口頭禪、俚語、虛字、無意思尾音（如：啊、嗯、呀、呢……等）。

說話的聲音其實挺有學問，因此我再略作補充與重點提醒：

（1）語音：咬字要清晰，不可像含魯蛋在口中般含糊不清，不能使用「啊」、「嗯」、「呀」、「呢」、「哦」、「哇噻」、「天啊」、「哇」、啦」等虛字尾語和口頭禪。

（2）語氣：語氣要讓他人感覺聲音舒適、平和、不急躁，沒有壓迫感。

（3）語調：即調整聲音的大小，最準確的語調標準是中低音。

（4）語速：語速不能太快，否則會讓人認為情緒不能控制，太慢顯得生硬，適當的中慢速度，反而有加深令人理智清楚信任的印象。

（5）停頓節奏：要掌握停頓技巧，運用段落時凝結情緒，或聲音漸強漸弱，或問句收尾的方式做強調。

　　儘管以上文字可以描述「態度與感覺」，但真實的「態度與感覺」卻需要非文字的方式來觀察才正確精準可信。

　　你可以試著這樣做：

　　下次要和某人第一次見面時，將上面的資料列一份表格，將你看到對方的感覺填入表中，你會很容易找到對方要給你的第一印象答案。

你身上任何一個不自覺的小動作都是身體的話語。

Chapter 6

第一印象也要好好做行銷

　　美國汽車鉅子亨利‧福特（HenryFord）與微軟創辦人比爾蓋茨（Bill Gates）都有特別的「用人術」及「品人術」。當他們要從能力齊鼓相當的人選中精挑一位主管時，會分別請這些主管候選人到餐廳用餐。他們有的會觀察當沙拉上桌時，有無先試Dressing（沙拉調味醬）就讓服務生為他加胡椒粉或起司調味，或故意烤焦牛排等小動作。他們的目的都是想觀察考驗這未來的主管如何面對危機的處理或應變、社交技巧成熟度或氣質修養等能力。

　　別懷疑，餐桌或宴會上的一些小動作或禮儀，確實可能在無形中影響你的職場發展。若你沒有主動且有概念地經營你的第一印象，那麼當別人對你產生與你期望有極大出入的第一印象時，第一印象便在無意中被謀殺了。而你可能還以為「第一印象」還在他人心中美好地活著。

　　正如經營「品牌」（brand）一樣，第一印象也需要合適且貼近個人建立形象目的的「行銷計畫」，在談論「第一印象行銷計畫」前，我得先帶你「打破第一印象的三大迷思」。

Myth 1

第一印象確定後真的無法改變？就算要改變也很難？

是的，答案是正確的。

俗話說得好：

「你很難改變他人對你的第一印象」

You can not change your first impression.

第一個印象猶如人際關係的「刺青」，又像商品售價上的「條碼」一樣，不但清洗不掉，又一目了然清清楚楚！逃也逃不了，躲也躲不過！

事實證明，人類對他人的第一印象難以扭轉或改變的的原因，是來自人類與生俱來的身體生理結構上運作的結果。

科學家證實，我們人類的大腦在接受新的資訊進來時，會自動將接受到的資訊進行分類編碼，如果接觸到第一次認識的人事物時，我們的大腦中，專職負責管理人類情緒及注意力的杏仁核和皮脂層的海馬迴組織，會一一進行嚴謹辨識，再給於條碼分類。如果一旦被放入「專屬的位置」以後，就不容易再更動了。這就是說明為何人類會在很短的時間內作出複雜的判斷。

這時間有多短呢？

從接觸的第七秒起到三十秒！

而且一旦下了結論，就很難改變。如此微妙的作用，在心理學上稱為：第一印象的「初始效應」（Primacy Effect）與「月暈效應」（Halo Effect）（見前章節），這也證實一旦第一印象被決定以後就很難改變。

多數人身上經常傳遞著「一眼就NG的負面印象的小動作」卻不自知，這些都屬於「負面的非語言溝通訊號」，一旦讓別人在無意中植入「專屬的位置」，你日後就得多花些功夫去將之移除。

想想看：你是否有某些「一眼就NG」的負面印象小動作？

以下這些負面印象的非語言動作、姿勢或態度，其實就是你我常發生的小動作：

1.眼神漂移不定。

2.肩內縮，雙手握膝。

3.雙手交叉身體向後仰。

4.翹二郎腿或抖腳。

5.下巴抬高，眼神往下注視。

6.低頭，讓人無法看清表情。

7.單手撐下巴。

8.手忙轉筆，敲點桌面。

9.不斷變化坐姿。

10.不停摸頭髮、衣領、衣角、玩耳飾、領帶、手指，提托眼鏡，摸鼻子、下巴等。

11.拖著腳或鞋行走，走姿膝蓋沒打直。

12.嘆氣。

13.吐舌頭。

14.眨過多的眼，睜大眼睛。

15.用手指他人，誇張、過多的手勢。

16.面無表情。

17.不主動打招呼。

18.見到人眼神馬上轉移。

19.愛打斷他人說話。

20. 握手無力。

21.手習慣放口袋。

22.口語尾音虛字太多「啊」、「呀」、「呢」。

23.說話含糊，口齒不清，有氣無力。

24.遲到。

25.與人對話時，不停地看錶、手機或電腦。

一位被派到客戶公司做簡報的資深專業經理，因為行程很趕很亂，竟忘了帶簡報檔案，雖然他非常專業，可以背完成簡報內容，並且有驚無險地做了還不錯的表現，但日後當大家一聊起來時，可能不記得他說得多好，卻只記得他當時忘了帶簡報檔案的事。換句話說，他留給別人的第一印象不是他正面的專業能力，反而讓人看到他不專業、粗心大意、不謹慎的負面執行能力。

　　但是，如果我們懂得倒過來運用這種科學來建立第一印象的「初始效應」，那麼就很容易如預期留下美好的第一印象。

　　事實上，學習國際禮儀課程的最大目的，就是讓我們懂得在不同社交情境中，以精確、有效的溝通互動方法，創造最有價值的人際關係。

　　所以國際禮儀課程中會大量運用理論及觀念植入以外，並結合「非語言行為溝通技巧」科學原理，導出創造正確合宜第一印象的「初始效應」原理和方法，練習它，再習慣它，職場新手是可以馬上學會建立「一眼就ok的正面印象」的訣竅。這個階段學習的目標是「**創造接受力**」。這也是有上過國際禮儀課的人，和未上過課的人在一起出現時，給他人的態度與感覺就是不一樣的原因。

至於職場老手，則要加上運用「月暈效應」，不只完成「一眼就ok的正面印象」，更要創造持續及穩定的深植人心的有力印象。這個階段學習的目標是「**提昇影響力**」。

Myth 2
第一印象就是直覺嗎？

　　是的。第一印象也可以透過各種資訊線索累積整合而形成的直覺，它更是「由小看大」的學問和直覺。中國古老的智慧早有「見微知著」的洞見，就是要我們從看對方「小的地方」著手，就可以知道他大的地方如何處理，所謂「細節裡見真章」。而這種幾秒內快速觀察的準確性，往往不亞於長時間的觀察。有些被認為「直覺」好的人，其實可能只是很善於利用這種「見微知著」的洞見。

　　透過大腦的「月暈效應」，我們可以主動創造直覺與聯想的感覺。例如：辦公室桌上整理有序、放家人的照片或個人運動照等、專業重質感的辦公穿著打扮、重時間管理與工作追蹤……這一點，在當今時間即金錢、金錢就是時間的高度競爭工商社會中益顯重要。尤其在面試中面對應試者，主考官要能夠迅速在眾多的應徵人選中挑出最適當的人選，時間不用花太

多，通常5～15分鐘就可以決定。甚至資深有經驗的人事主管「瞄一眼」就知道誰最適當，而且事後證明其第一（眼）印象的判斷往往都比其他性格測驗或職能測驗還精準。

美國心理學家Dr.John Mana在2011年的研究發現：他人喜不喜歡你或接不接受你，只要花0.5秒的眨眼時間就可以決定了。

因此在決定要露臉前（或像演員準備從後臺上前臺時），一切自我表現能力的技巧都要準備好的。

大多數CEO或主管都重視從「小細節」看起。從一個開門動作，或一聲打招呼問好到握手，一套選對或不合適的「戰袍」（職場衣服）或坐的姿勢手勢、眼神語調……甚至結束離去道別關門等的動作。在企業中，每個人每天要見的人愈來愈多，平均每人可分配的時間卻愈來愈少，企業家們愈體認競爭的環境中用人的決策「人品」更甚能力時，跨在學歷經歷前的一道無形的「審查網」——品格＋禮貌＋修養——便慢慢形成。

「禮貌」這二個字其實長期以來一直受到中外大企業家的重視。禮貌好壞是決定第一印象的要素。

換句話說，第一印象的直覺必須建立在「有禮貌」的基礎上。「沒有禮貌」的殺傷力，絕對遠超過「沒有專業」。

美國《財星雜誌》（《Fortune Magazine》）2010年底引用
Zogby International公司的統計調查資料發現：「年薪收入超過10
萬美元的高收入者，與人爭執或犯錯後，道歉的比率是年薪2萬
5仟美元的二倍。」

此訊息足以顯示，這種「見微知著」的判斷與用人的方
式，在職場上早已被大大重視和運用。這也是在社交場合或職
場上職位愈高或收入愈高的人士愈懂得尊重他人，愈明白尊重
他人和禮貌的價值與影響力的原因。

Myth 3
好的第一印象 ≠ 自我感覺良好

自我感覺良好是自信的要件之一，但所有自我感覺良好必
須通過客觀的檢驗和要求，才有存在的價值，也就是要滿足團
體的共同利益，合乎禮儀的規範，並顯示為在乎他人的感覺。

例如：在公共場合中，如出席有要求盛裝入場（Dress-
Code）的歌劇院時，你若想在盛裝的禮服外加一頂高的禮帽
時，不可以因為禮帽搭配禮服的自我感覺很好，不顧出席公共
場合的禮儀，戴著禮帽觀賞歌劇、舞臺劇、交響樂團等表演活
動，會讓坐在你後面的觀眾被禮帽遮擋視線而無法觀賞。又如

出國搭國際航線的飛機，雖然穿配舒適是長途飛行的考量，但不可圖個人自我感覺良好之需，穿著人字拖鞋或一坐定就把鞋襪脫去，讓腳氣漫布密室，這樣的自我感覺良好卻反而會留下負面的第一印象了。

E世代愛強調「只要我喜歡有什麼不可以」，但在職場文化中，客觀的價值與產值是共同努力方向和目標，「只要我喜歡」若可以有利於大眾或多數以上的利他效益，當然可以接受。例如：職場上的面試禮儀，在從事廣告、設計、企劃行銷等強調彈性、創意的行業中，在個人服裝、儀容、造型上適當加入個人的色彩或創意或風格，則是可以接受的。

又例如：別上手工自己設計的大別針、頭飾，與眾不同的混搭或誇張的對比用色……等。這種可以創造個人工作附帶價值的自我感覺良好，肯定可以提升第一印象的建立。在強調創意、創新、創變的工作環境中，「只要我喜歡有什麼不可以」可以有利客觀的價值，這類業別的老闆會非常歡迎你的與眾不同，因為那可能為公司帶來更多的共同利益，客人也更高興與滿意。

相反地，若在傳統保守嚴謹的行業中，例如金融銀行業、保險業、飯店業、航空服務業，以及律師、會計師、教授、顧

問、講師等，就要盡可能降低或淡化個人色彩，以專業實力創造客戶的信任為重。因此這些「自我感覺良好」或「只要我喜歡有什麼不可以」的第一印象就絕對不適合存在於這些職場領域，「空間」（場合）、「對象」都不適合。如果你的會計師喜好誇張時髦的造型打扮，多數的客人只會擔心他的專業不足，進而對他無法信任而離去。

二十多年前，筆者曾經輔導一位擁有一頭漂亮長髮的女孩前往報考某航空公司空服員的面試，女孩非常堅持以一頭波浪長髮側放一旁的浪漫造型去應試。結果當然沒通過面試。這種自我感覺良好，並沒有建立在客觀共同利益（即專業價值）上，當然無法創造好的第一印象，但是這種堅持若放在廣告業、模特兒業，卻會有不同的結果。同理，從服務業工作卻自以為面無表情或沒有微笑的表情才是「酷」（cool）、才是有個性，這也是錯誤的自我感覺良好。這些都是在應徵這項工作時典型的例子。

自我感覺良好有時會來自「視覺效應的解讀」，例如使用 iPhone、買名牌衣服皮件飾品等，此時的自我感覺良好就進入到「品味」與「風格」的領域。

消費者願意花費較高的錢購買精品名牌，大致有二類動機：

第一類：讓自己與品牌有同等的價值。

第二類：期盼別人會認得自己與品牌有同等的價值。

然而，風格是外在顯出來的視覺組合表現。也是自我外表樣貌的選擇。沒有好與壞，也沒有錯與對。你可以找自己喜歡的樣子呈現給他人，例如：男士可以紳士風格，可以牛仔風格，也可以嬉哈風格等；女士可以淑女風格，可以古典風格，也可以熱情拉丁風格等。

風格是有創造力的。例如：蘋果電腦的賈伯斯（Steve Jobs）總以黑色套頭衫搭配牛仔褲，創立獨具的個人風格。從他外顯出來的態度，別人很容易理解他是誰，他也不在意外界的看法。風格可以複製，風格是自己的選擇，不一定是流行時髦。風格是屬於你自己的，你要能自在、快樂地享受它。在美國的Hooters餐廳便很鼓勵侍者自我表現服務客人時的方式，筆者特別留意一位女性侍者喜歡在頭上插朵小花，特別提高她的辨識度，也讓她享受自己喜歡的打扮風格，熱情愉快的服務客人，相對的，客人付她的小費也會讓她的微笑更燦爛。

在職場上愈能適當展現或樹立自我風格，是有力量的自信形象，也越易被職場認同。但通常也需要考慮公司形象、工作屬性或環境等因素，不可太過自我。

不可否認，來自「視覺效應解讀」的自我感覺良好，確實可以創造模仿與複製的風潮，為商業帶來強大消費力與利益，但風格並非靠一身名牌堆砌起來，如果沒有品味，即使穿戴很流行的時尚品牌也是俗氣。風格可以模仿，品味卻很難複製。你我的衣櫃中或許多半都找得到一件黑色套頭衫及牛仔褲，你我都可以擁有賈伯斯的風格，但品味是內在的生存態度，它需要很多生活元素、環境及習慣累積組合。

　　品味也是美學的素養的累積，看花展、藝術品，聽音樂會，文化風土民情，閱讀，旅行，生活習慣和環境等等，日積月累地在成為品味的養分。品味可以花錢養成，也可以不花錢養成（例如習慣）。

　　職場專業人士在建立個人風格前，應先培養品味。

　　由品味美學所表現出來的風格是價值的延伸。

　　例如：五星級酒店接待客人時，侍者在奉上茶水的托盤上，放置插上應景的小花草在精緻的小花瓶裡裝飾。這喝茶的感覺，可以讓客人從視覺上延伸到口中的感受，進而到達心境內層，讓客人感受與領會這侍者溫暖的用心。

誰需要行銷第一印象？

根據美國塔夫斯大學（Tufts University）和哈佛大學心裡學教授娜裏妮・安貝迪（Nalini Ambady）研究顯示：人們對威脅的情緒（負面情緒）反應的比正面情緒要快的多。

什麼是「威脅的情緒」、「負面情緒」？

舉凡不喜歡、不快樂、不舒服、緊張、害怕、不安、疲倦、累困、壓力等皆是。一旦這些負面訊號出現在臉上的時候，第一眼當然令人不想接近，更難接受。沒有人可以接受在任何情境下的第一印象是得到負面訊號。

例如：職場上與未謀面的客戶開會時，對方慎重準備合宜的儀容打扮，整潔合身的西服及擦亮的皮鞋，只為表現對這場會議的重視，神彩奕奕地準時到達，以期一個完美互利的雙方合作機會。結果你出席的時候，一臉倦容加亂髮，領帶未扣緊，不但匆匆趕到，還差點就遲到，更一見面就抱怨塞車嘆氣昨夜加班到深夜……等等。試想你的客戶對你的高度期盼的心情，一定馬上降到谷底不說，心中立刻將你們公司列入不考慮名單，並馬上轉向其他公司談合作。再多的解釋也無法挽回失去建立好的第一印象的機會。

這是非常普遍發生的實例。

商場如戰場，面試更是另一的戰場，在面試時，若沒有適當化解負面情緒，例如緊張、壓力、不安等情緒，反應在表情僵硬、眼神空洞無神、眨眼次數變快，手勢變多或快，手不停玩弄指甲，衣領，筆或紙張，雙腳不停更換動作，甚至出現抖腳等不安的小動作。這些負面的情緒一旦移轉到表情及肢體動作上，將出現愈想掩飾卻會愈糟糕的窘境。這些想掩飾的小動作正發出訊號，說明你的不自信，進而嚴重影響面試的第一印象。

替自己創造「正面情緒」，有兩個簡單的方法：

1.要克服壓力與不自信

克服壓力與不自信的方法，就是要認識什麼是正面的非語言行為表現，因為只有正面的非語言行為可以反應出正面的情緒。創造出正面的印象與價值，例如愉快自在的心情、面帶微笑的嘴角、積極有活力的眼神和說話聲音，熱忱誠懇的打招呼，堅定有力的握手，不偏離主題地回答，專注的聆聽，坐立端正的雙腳，適當的手勢及點頭，整潔的服裝儀容，合宜正確的應對進退和舉止等等。進而熟練並運用這些非語言的表達，不但可以克服壓力，更能展現自信，創造最有利的第一印象。

為了不讓負面情緒反應快過於正面情緒，因此擅用、習慣用正面情緒的肢體非語言行為，正是戰勝負面情緒的最佳武器。

2.不斷練習

正面非語言溝通行為的技巧是需要時間練習和培養，所以應該早一點看看自己未來的樣子。並不是看自己長的樣子，而是多看看自己有多少正面情緒的肢體（非語言）行為，然後就是練習、再練習，變成一個好習慣，融入在你的生活和職場中。

在美國長春藤各頂尖名校中EMBA學生有一堂必須的課程正式名稱是：「Social Networking Event or Student/Alumni Networking Event」（活絡人脈派對活動）。以芝加哥大學商學院為例，開課的第一天起，學校就安排了一系列的課程訓練學生們的談吐應對、儀容舉止、動作進退等技巧。為了深入社交中的情境，教授與學生間，或不同年級的學生，或邀請他校EMBA的學生，相互做「角色扮演」（Role Play）的練習。例如：低年級學生扮演受邀的客人，高年級或學校校友扮演大公司的CEO或主管，教授扮演主辦單位或主人，他校學生扮演廠商或供應商等等。

情景配飾猶如一場雞尾酒會似的，並且拍錄下影片，事後

由教授指導正確的動作與技巧。例如：出席的服裝儀容合不合宜，應如何穿著？如何主動打招呼？與人Small Talk寒暄？想認識CEO如何找人引介？引介後要如何做有效率的自我介紹建立好第一印象？握手力度如何才適當？名片如何交換？為何要用二層設計的名片夾？誰先換？誰先握？如何稱呼對方？如何記住他人的名字？如何主動加入他人談話圈中？如何撤離交談情境？如何拿酒杯？高度如何？如何做誠懇從容的眼神？如何展自信自然的微笑？……等等。

而行進的方式更具特色與挑戰：每一位角色互動時，只限六分鐘。並且規定一場活動中至少要交換認識八位或以上的人。有時被安排坐著的方式進行，每六分鐘一到，教授或場控人員會以哨子聲指示每個人停止交流交談，必須起身向左或右（按規定）移坐。

有時被安排站立的方式進行，全程不但沒有座位也沒有桌子，或有桌子沒座椅。因為有沒有桌或椅，都有不同的禮節要求。

無論空間如何安排設計，目的只有一個：讓商學院中優秀的EMBA學生，學習如何在高度競爭的商業活動中，即便離開辦公室空間進入一些軟性的社交聚會中，仍可保持高品質高效率

的競爭力，而不是只會作簡報，談指數、財報等數據，而是更能發揮擴展並建立更有利的商業模式的良好印象和關係！

所以「六分鐘」內學生必須練出建立良好有效的第一印象。

何謂「良好有效的第一印象」？就是會後他人會記得你，會想要聯絡你，願意與你再交往，進而有興趣與你做生意。

說得直接點，「六分鐘」內學生必須學會將自己當商品一樣成功出售的自我行銷術的訓練課程。學習的技巧與被指導的技巧，都是正面的非語言行為溝通方式與技巧，再一次一次的演練中，修正它，並習慣它。進入職場時，自然而然表現出正面的非語言行為，並達到正面良好有效的印象。

這種類似「宴會人脈學」課程始於2005年，深受學生喜歡及教育評鑑者的肯定。2007年更被英國倫敦《金融時報》報導，EMBA學校課程排名評鑑比賽中，高居世界第四名。更引起商業團體法人或個人（企業家）的支持與重視，除了贊助活動之外，更以實際的行動積極參與，並間接為企業創造及提供「找人」、「用人」、「品人」的另一個空間與方式。

所以，功夫絕對可以靠後天練就成的！

這是一個行銷的時代，也是一個關係的時代。每個人不但

無時無刻，無處不在自我行銷，更要掌握、要爭取行銷自己的機會。目的不外是創造更多更好的第一印象，建立良好的人際關係、社會關係，甚至國家與國際關係。

2011年的中美外交大事，也是全世界矚目的國際大事，非1月18至21日中國國家主席胡錦濤來美進行國是訪問（State visit）莫屬。

這場為期四天的國是訪問行程中，多項打破美國外交史上從未出現過高規格的接待禮節和儀式，其中由副總統拜登（Biden）親自接機、國是訪問歡迎典禮的預演、歡迎典禮中首例開放中外一般民眾列席迎賓區（註：席間歐巴馬的女兒夏沙（Sasa）也安排在人群中，並向胡主席以中文問好）、鳴放三次二十一響禮炮、總統私人晚宴等，莫不顯示美國對本次國事訪問之重視，亦在在說明中美關係的重大發展，更向全世界表示二國在國際上的重要地位。

在這世界矚目的大事裡，美國歐巴馬總統也向國人及全世人展現他強大的行銷手法，傳遞絕對隆重莊嚴尊重的待客之道。

國家與國家之間都需要第一個好的印象來建立國家的良好關係。何況我們一般社會中的人群活動，包括職場上的關係，客主之間的關係，朋友之間的關係……等等，都需要第一個印象。

Chapter 7

贏在第一眼密碼：
55、38，沒有7

很少人會在意自已「在別入眼中的樣子」，通常也無從得知自己「在別人眼中的樣子」。

卡內基（Dale Carnegie）在1936年時出版一本《卡內基溝通與人際關係》（How to win friend & influence people），這本書創下在紐約時報暢銷書排行榜連續10年上榜的記錄，尤其剛出版的幾星期中就連續出了八版。這個結果也讓卡內基自己感到好奇，因此他委託「福特基金會」花了二年時間調查：「人們最關心的是什麼？」「人們最感興趣的是什麼？」

有趣的是，調查結果卻發現人們最在乎的不是金錢與財富，而是自己！第一在乎自己的身體健康，第二在乎自己的人緣如何？在乎在別人心目中自己是什麼樣子？在乎別人喜不喜歡我？

我在別人眼中的樣子

如何改善自己在他人心目中的樣子？首要關鍵就是「減少負面態度」，並藉由「正面思考」創造「正面感覺態度」繼而

產生「正面行動」。

　　卡內基溝通課程中第一條原則「三不」——不批評，不責備，不抱怨——正是人際關係減少自己負面態度的基礎。

　　因此在《卡內基溝通與人際關係》書中第一頁第一句話就寫道：「假如你想採集蜂蜜，就不要踢翻蜂窩」。因為人性最深層的渴望就是「被人重視」。

　　1950年，在美國內布拉斯加卅奧馬哈市的卡內基教室中，第一堂課開始，所有的學員都要輪流上臺訓練說話表達。一位年輕人腳步零亂地走上臺，神情緊繃、表情嚴肅，額頭沁汗，一部攝影機在他前方，他心跳加速，好像快要衝出胸口，手不自主的搓揉著長褲邊，眼睛漂動不知該看那裡才對，一開口就結結巴巴……在這類課程中，第一次上臺的人多半比這位年青人表現得好些，但當你知道這個人就是後來在大家眼中聰明又充滿自信，且任何時候都可以在眾人面前侃侃而談的股神巴菲特（Warren Buffett），你一定會感到詫異。

　　「原來我在別人眼中是這樣子！」巴菲特當時看到錄影帶裡自己的那副模樣時說。

　　若非他本人說出來，一定沒有人想得到，巴菲特以前居然是如此膽怯不自信，甚至害怕和他人眼神接觸（Eye Contact）

的人。但他卻鍛鍊出自信，學會公開演說的技巧。尤其在人際關係上他變得開朗自信，懂得如何傾聽與讚美，徹底改掉以前愛批評他人的毛病（負面的態度），從此變成一位有人緣受人歡迎敬重的人（正面的態度）。

你可以想像這位受人歡迎的人，以前是臺下不留口德，臺上無話可說的人嗎？你可以想像這位充滿智慧又幽默的人，以前是多麼不喜歡自己嗎？

然而，當他開始知道他在別人眼中的樣子後，一切都因此改變了！

That is you!

你喜歡你自己的樣子嗎？你知道你在別人眼中的樣子嗎？

現在非常多人，將「無禮當性格」，把「邋遢當時尚」，自以為是「只要我喜歡有什麼不可以」，卻不知道「無禮」、「邋遢」就是負面的感覺和態度。在人際關係互動中，得到的只是他人負面的感覺和態度。

因為你只在乎自己的負面態度，因此他人心目中的你也就被放在「負面感覺區」。

其實每個人都很在乎自己。學習「國際禮儀」就是在教導你用正確的方式，做出符合預期與有效果的「在乎自己」的表現。

好的感覺，來自好的樣子。好的樣子，來自55、38的練習。

表情，肢體，聲音，比你用說帶給人的感覺還要多。

你是否有過以下經驗：

對方外表乾淨好看，說話婉轉好聽，但總是左顧右盼，眼神飄忽不定；或者，明明相貌堂堂，但總是彎腰駝背，無精打采，沒說幾句話就唉聲嘆氣。

事實上，很少人會留意自己在「別人眼中的樣子」，甚至不知道自己在各種狀態下的樣子：放鬆時的樣子、等待的樣子、緊張的樣子、不安的樣子、不自信的樣子、興奮開心的樣子、愉快滿意的樣子、自信的樣子、聆聽的樣子、不在乎的樣子。

即使你的工作經常需要注意自己面貌或儀容，也不見得常會注意到你在某些情況下的模樣。

印象只需2秒就定型

哈佛大學社會心理學教授Nalini Ambady所寫的《第一印象》（First Impression）一書指出：「課堂中學生對教授的印

象，在二秒鐘內就定型決定了，而且會一直到整堂課結束都不會再改變。」所以說，一位教授第一次上臺與學生授課，只需2秒的時間，學生對這位教授喜不喜歡的印象就已成立，並且一直到下課都不會改變。

我們想一想在這二秒間，學生聽到教授說了什麼嗎？

二秒可以說多少？

為什麼第一印象決定速度那麼快？

除了科學家的證實以外，現代生活的方式及工作環境因素習慣等，也是影響的主要原因。

當我們逛街Shopping上餐館時，銷售小姐或餐飲服務員怎麼知道哪個顧客的錢包有多少錢？為什麼對某些人服務特別好，對某些人則可能愛理不理？是業績獎金不吸引他們？還是你的樣子讓他覺得不想為你服務？

根據美國人力資源協會的調查，幾乎所有的主管都承認，在能力相當的情況下，穿著、儀容、應對、舉止得體的人，通常可獲得更多升遷機會。為什麼？主管都很注重表面功夫嗎？還是我們所謂的「表面」其實都藏有極深的學問？

一項針對美國中、大型企業的調查發現，所有企業在徵人時，都會認真考慮對方的穿著打扮。實際上，在越競爭的職場

中，人與人的接觸時間越來越短暫，將外表打理合宜，是個人的包裝能力，也能彰顯判斷能力，更可展現個人的行銷能力。

根據《華盛頓郵報》（Washington Post）報導，Miami University經濟學者佛蘭屈（Michael French）做了一項調查：

透過一組自願的男女來做自己的外表評估，從「非常美麗或英俊」到「非常沒有吸引力」分成五個等級，結果發現自認為外表魅力高於外表一般的女性，收入高出8%。

換句話說，自認為外表比較出眾的人工作回報較高。他們靠的不是人家對他的美麗或魅力的讚美，靠的是他自己的自信。因為他對自己的外表打扮合宜有信心，所以可以從心裡散發出更高的自信心，並透過外在的合宜打扮感染給他人。

其實懂得將自己外表打理合宜，不但是一種禮儀，更是一種能力的養成。因為每個人的高矮胖瘦或膚色是先天的，但是如何打扮合宜卻可以靠後天的學習、判斷、練習、應用，是可以培養成的一種能力，而這項能力如果被他人接受後，就會轉化為一種自信心的來源。

業主會根據你對自己的打扮合宜與否的判斷能力，來考量將來對工作的表現能力和判斷能力。如果你連自己都不知道如何選擇搭配才是適當的打扮自己並且被他人接受的話，你如何

將工作表現好並且讓他人可以接受？

美國的徵人廣告中常會看到一項要求：Proper Attire或Dress Appropriately。這兩個字就是在「考」應徵者知不知道面試時適合你自己的裝扮是什麼。

因此，「帶給他人好的感覺」是一件值錢的事。

你可能沒想到：「帶給他人好的感覺」甚至是可以賣錢的事！

凱瑟琳‧迪佛利（Catherine DeVrye）在《黃金服務十五秒》（Good Service Is Good Business）一書中提到，員工和客戶接觸的時間最少有十五秒，只要能抓到這關鍵的十五秒，就可以留住客戶。為此，美國曾進行一項「商業行銷策略之獲利影響調查」（Proit Impact co Market Strategy），結果有83%的人表示，服務品質是決定他們願不願意光臨同一家店的主要關鍵，亦是所謂願不願意再當「回頭客」的主因。

短短十五秒，如何讓客人留下好印象、好感覺？其實，臉上帶著發自內心的微笑，那是令客人有好感覺最基本也最有用的「老招式」。

事實上，「感覺好」這件事是需要投資非常多的學習和練習，才能有今天被他人給予不同待遇的價值。重要的是：你自己

知道這些樣子給別人的感覺是什麼嗎？也許你不在乎給別人的感覺，但是別人卻在你樣子裡看到你留給他人的感覺和態度！

美感創造競爭力

2008年，當美國經濟進入衰退蕭條，企業不得已透過精簡人事裁員以降低成本求生存，因而促使就業市場出現大波動。根據路透社報導，許多人為保住現有工作或升遷需要，紛紛再回籠進修餐桌、社交、談吐應對進退等溝通技巧，及禮儀課程訓練，以便提高更多職能競爭力。

在一般職場上，與競爭力相關的幾個指標，除了IQ（學歷、專才、智商）、EQ（情緒Emotion或禮貌Etiquette商數），一種新的指標「BQ」（Beauty Quotient美感商數）已成為近年來最in的競爭力指標。

在職場上具有美感意識以及美感的認知，同時對美感有自我察覺能力和表現能力，對美感的組合及協調的認識，進而用行動力去表達或呈現出來的能力，這些都可綜合在BQ的定義下。

中美國是訪問時，白宮宴會廳前舉行國宴，主人歐巴馬總統恭候客人胡主席到達等候的畫面，第一夫人蜜雪兒（Michelle）一身紅色長禮服，讓全世界看到「客從東方來不亦樂乎」的最到地BQ美學的呈現「紅色」對中國是吉祥、幸運、討喜、歡慶的代表，客人胡主席一到來，光看主人身著象徵自己國家傳統吉祥喜慶的顏色，盡顯主以客為貴，一切盡在不言中地感受著被主人所在意的尊貴榮耀。

　　這項能力，在競爭變化快速的職場上和專業學歷技能一樣重要。這也是一般企業晉升或CEO都要接受各項國際禮儀、談吐應對儀容舉止等人際溝通課程訓練的主因。

　　懂得塑造合宜專業形象的人，在職場上或面試上較易受到肯定、接納與認同。這項BQ學包括：整潔、禮貌、應對得體以及懂得如何表現專業形象的能力。外表的塑造是一種「表現能力」，也是一種技巧。和學習禮儀規範一樣，是知識結合技巧而養成的專業能力。只要透過正確的判斷，合宜的組合搭配，並反複練習改進，任何人都可以做到舉手投足之間留下好的印象。而這個練習的方法不但是公開的，更是人人可以適用的，上至國家元首、大企業CEO、紳士名流，職場主管和客戶等等，都是透過同一套練習方式來訓練及培養自己的自我表現能力和專業形象。

1.個人BQ

BQ也可指Brilliant Quality，內外兼修的表現。這B也可泛指：Brain（腦力）、Beauty（美力）與Behavior（行為力）。根據美國科曼管理顧問公司（Coleman management Consultant, CMC）的研究：個人在職場中成功關鍵在於「專業」、「形象」與「能見度」三者合在一起表現出來的能力。

2.企業BQ

企業對外表現出來的風格，包括文化、習慣等等。就是企業非語言行為的表現。例如，我從臺灣媒體上得知，裕隆集團和美國通用集團的簽約典禮儀式中，裕隆集團的執行長嚴凱泰特別向他的太太借用通用的Cadillac DHS 豪華房車代步前往典禮現場。此一舉動深深令通用中國集團的董事長Phil Murtaugh 備感窩心及動心。

他這場出席的動作，相信是經過企業團隊的腦力思考後的「美力」呈現，並且運用在企業的「行為力」上，也就是企業的BQ學。

不用說一個字、一句話，即可充分表達裕隆集團對此合作案的肯定及重視。

3.國家BQ

BQ學放在個人、企業是如此，放在國與國之間更是如此。2011中美國是訪問中的國宴上，美國總統歐巴馬與第一夫人蜜雪兒雙雙站立白官宴會廳問口，恭迎中國胡錦濤主席到來，尤其蜜雪兒身著紅色大晚禮服、肩掛黑色披巾等候的畫面，讓一下車的胡主席看得油然開心及動心。（紅黑二色對美國及歐巴馬夫婦而言是勝利的象徵。2008年歐巴馬第一次當選美國總統時，蜜雪兒出席芝加哥競選總部，接受群眾歡呼慶賀的服裝顏色，就是紅黑色搭配。）

這也是不用說一個字、一句話的非語言行為，結合美學（東方紅色代表吉祥、喜慶、幸運的歷史文化意義）表現美國是如何重視與中國的交流與合作。運用在職場中，也是「禮」所當然的。

到底什麼是55、38沒有7呢？其實就是前章節所提的「麥拉賓法則」，代表人類溝通時，傳遞「態度與感覺」的訊號，如下圖：

第一印象 First Impression

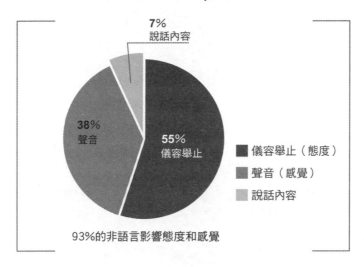

- **7%** 說話內容
- **38%** 聲音
- **55%** 儀容舉止

- ■ 儀容舉止（態度）
- ■ 聲音（感覺）
- ■ 說話內容

93%的非語言影響態度和感覺

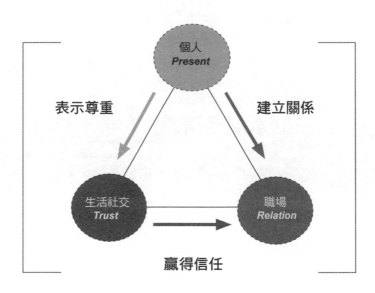

個人 *Present*

表示尊重

建立關係

生活社交 *Trust*

職場 *Relation*

贏得信任

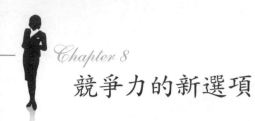

Chapter 8

競爭力的新選項

卡內基在《贏在影響力》一書中對於「傾聽的力量」做分析，他將聆聽的內涵分為五種層次，由低到高分別為：

1	完全漠視的聽	耳朵完全沒有張開，是最糟糕的聆聽。
2	假裝在聽的聽	耳朵張開，可是心和腦沒有開，所以左耳進右耳出。
3	選擇性的聽	只聽想要聽的聽，先入為主。位階、層次越高者越易受限，越會用自己成功的經驗去聽取或不聽取。
4	積極同理心的聽	對方說話時，眼睛看著對方專注聆聽，會丟開自己的看法，站在對方立場想，並打開身上所有的收訊器去感受、去觀察，讓對方「感同身受」，是真正的聆聽。
5	專業資訊的聽	例如接受過專業訓練的心理治療師。這種方式的聽可以聽到對方最底層的內心想法，透過諮商技巧解決對方問題。

以上五種聆聽方式，一般人70%以上都屬於第一到第三種，這些都是不合格的聆聽方式，對他人不屑一顧、自以為是，不能算是聆聽。真正的聆聽是「耳朵」加「心」加「腦」的組合。英文中的hearing（聽見）只是聽的感覺，但是listening（傾聽）才是用心和腦去聽的聆聽。此外，合適且即時的肢體動作及表情也會告訴他人「你在聆聽」！

　　美國密西根大學（Michigan college）聽力研究所發現，當我們聽別人說完話後，八個小時以後會忘掉50%的內容。聽比想還要慢。一般人一分鐘可以想1,000到3,000個字，但是一分鐘只能聽到125至400個字。結果證明了：**人們都沒有專心在聽，而且在聽的時候在想其他的東西。**

　　也因此很多企業瞭解，商業活動上導致的損失往往是在溝通當中「聽的受訊力不正確」以致判斷失誤而損失。

　　根據《Fortune》雜誌調查，美國前五百大企業70%以上的公司，已經開始為員工開設「傾聽」的訓練課程，加強員工與客戶或同業溝通時，可以透過正確的聆聽技巧接收到完整真確的資訊，進一步分析並作出正確有效的判斷與決定。例如有些美國的大企業，當有人被晉升主管職務時，需要到總機部門實習數週或一個月，目的就是訓練專注與正確的聆聽。

好聽眾也得多動動

　　好的聽眾除了帶著「耳朵」以外，還要作出非語言行為的動作，才是正確合宜的溝通互動方式。缺乏非語言行為的協助，說話的一方不太容易得知自己說出去的訊息是否已正確地傳遞到你耳裡。交談時，你的聆聽動作若少了下列某幾項動作，相信無法達成打動人心的目的，也就無法成為一個好的聽眾：

1.成為一個好的聽眾，
　必須搭配正面的非語言行為動作：

・眼神專注看著對方，集中精神傾聽。

・面帶微笑，不要面無表情或僵硬。

・耐心聽，不要隨便打斷。

・適當的提出問題，鼓勵對方繼續說下去。

・適當的點頭，或用簡單的話語表示同意、肯定、尊重及有興趣，例如「是的」、「對的」、「真好」或「接下來呢」。

・身體前傾向說話者的方向，表示尊重和誠懇。

　　在社交或職場中，一般人都以為當一個談話高手才會受

人歡迎，事實上，話少又會傾聽的人才更受歡迎。

卡內基曾說：「要成為一個談話高手，一定要先學會傾聽。」

鼓勵別人多談自己有興趣的事，並且專心聽，適當給予讚美，那才是受歡迎的好聽眾。

許多企業也早就將這項非語言的行為視為「態度」的審核依據。

2.成為一個好的聽眾，
必須避開負面的非語言溝通行為：

· 眼神遊移：不自主向遠處、肩膀後方，甚至出現空洞無神。

· 過於誇張的表情或聲調：瞪大眼睛表示驚訝，或瞇著眼睛表示懷疑，或提高聲調的「我的天啊！」等等都不恰當（根據人類行為學家研究顯示，「臉部表情」加「聲調」可以註釋二人間90%以上的溝通）。

· 雙手過度忙碌：太忙寫筆記，或拿著筆轉不停、按不停，會令對方不自在。

· 小動作一大堆：撥頭髮，玩項鍊，指甲，扭脖子，動

肩，甚至不停更換坐姿，腿部動作，會令對方造成干擾，或產生聽者可能不耐煩的聯想。

· 出現防禦性動作：雙手交叉胸前，邊說邊搖頭和手，甚至手勢高過於肩部，都是不友善、不苟同、對立抵禦或有火要發的感覺。

· 身體離對方太遠，甚至偏側著對方：和對方離太遠，對方當然明白你沒興趣的肢體反應，側著對方，除了不同意的表示，甚至傳遞冷漠不屑。

· 腳拍打地面或不停看手錶：不自主的動作，對方會以為不耐煩的印象。

· 若與對方太近距離，令人有壓迫及不安的感覺。

在聆聽時，身體帶出來的訊號，成為說話者對你接受力優劣的主要判斷依據。聆聽者運用「鏡射原則」（Mirroring）反射彼此的動作，可以協助讓溝通更融洽。

我們來看看企業界菁英們如何養成「自己在別人眼中的樣子」。

管管你身上的**廢話**
Unspoken Signals

歐巴馬

　　未選上美國總統之前，是靠口才、口語打動人心的律師，但真正打動人心的不是因為律師的職業或是總統的身分，而是他努力練習養成的「非語言溝通技巧」（或謂肢體語言技巧），更掀起政壇上向歐巴馬學習非語言溝通技巧的風潮，打動選民的心，打動支持者的心。

美國股神華倫・巴菲特

　　巴菲特曾自述：「我很害怕公開演說，你無法想像每次發表演說時我有多緊張，我害怕到一句話也說不出來，甚至會吐。事實上，我一直刻意避開在眾人面前站起來說話。」

　　如果不是他自己說出來，任何人都想像不到這位眾人眼中展現聰明自信風範，隨時都可以當著眾人侃侃而談的大師，也曾經和你我一樣：羞怯、沒有自信、恐懼上臺，害怕與人目光接觸。透過學習練習公開演說肢體技巧後，不但有自信面對群眾，更因為學習了人際溝通關係課程，改掉愛批評又自傲的毛病，成為懂得傾聽與讚美他人，有好人緣又受人敬重的領袖。喜歡批評他人是一種負面的非語言行為。懂得傾聽和讚美他人的是一種正面的非語言行為。巴菲特親身證實將負面的非語言

行為轉向為正面後的力量和影響力。

巴菲特現在最開心、最喜歡的事，就是對年輕人演講。他也常常利用餐會的方式直接近距離的鼓勵稱讚年輕人。這不是一般人可以做到的練習方法，但是也只有這樣的方式，你可以抓到自己任何時候在別人眼中的樣子。無論是放鬆的、無聊的、緊張的、不自信的、自信的，或開心的、愉快的……

你自己曾認真看過自己嗎？

重要的是：你自己知道這些樣子給別人的感覺是什麼嗎？

也許你不在乎給別人的感覺，但是別人卻從「你表現出來的樣子」裡看到「你給他人的感覺和態度」。

如果今天你出現的場合（Social Situation）需要給別人很重要的感覺，你就必須知道你的樣子非常重要。

為什麼公眾人物（政治、領袖、菁英等）都要學非語言行為的溝通？

因為他們具有影響力，這不完全是重點。最重要的因素是：**他們有企圖心、野心，想要再提昇、再擴大他們的影響力！**而他們深深地明白這原理：正面的非語言行為可以產生正面的感覺，進而有正面的影響力，可以轉換成「貢獻力」。反

之，負面的影響力會轉換成「破壞力」。

我們一般人為什麼要學非語言行為的溝通？

一般人都忽略了（甚至不知道）其實每個人都有自己一定的影響力而被尊重。無論你的身分、年紀、工作、職務、位階與收入等等，只要與人發生接觸，你對他人就有影響力。

例如：當你逛街消費購物時，你對商家而言就有消費力，也就是有生產力和貢獻力，當然你就是一位有影響力的消費者，你本應受店家歡迎與尊重。店家因你的消費而有利潤，始可生存，因你的消費而有能力僱請員工，為社會製造就業力。

因此你的消費對店家是有貢獻力的，但為什麼得不到真正的歡迎和尊重？為什麼有些店家看起來只歡迎顧客錢包裡的錢，而不是拿錢包的人？主要原因多半是因為他們不知道非語言行為對人際溝通的影響，因而無意中做出負面的行為，產生負面印象、負面態度和負面感覺，大大影響人際關係與顧客觀感。除此以外，各行各業，各階級身分職稱，上自總統女王，下自學生老師，店員顧客老闆，都是具有影響力的社交人格地位。

如果說「每個人對他人都有不同的的影響力」，你也許不認同，但是如果說「每個人生活上、職場上都多少會被他人給

影響」，你應該就會很同意。

想想看《麻雀變鳳凰》（《Pretty Women》）中的Julia Robert不是被精品店的店員影響嗎？

我們搭飛機時不是被其他乘客及空服員影響嗎？

我們應徵工作不是被面試官影響嗎？

我們在學校上課不是被校長老師同學影響嗎？

我們在餐廳不是被客人及服務員影響嗎？

可是，我們再想想看，影響是互相的，難道只有被他人影響，不能影響他人嗎？

答案絕對是肯定的：Yes!人與人之間是相互影響的。所以一定要知道自己是有影響力的。不知道自己擁有影響力，等於放棄你的權利，也間接注定要扮演負面的、失敗的影響力。

有魅力的公眾人物，絕不會放棄這分權利。他們熟知這道理，不僅將自己的內涵和要說的內容準備好，更要有充分熟練國際禮儀及非語言溝通的知識技巧，目的就是先影響你。而不是你影響他！

再想想看，我們選民是被候選人影響？還是候選人被選民影響？

有魅力的公眾人物，成功的原因就是：要搶先創造影響他

人的一方。這時他的影響力會造就成為你的信任、接受與肯定的力量！

這是為何這些有成功魅力特質的人，必會熟練非語言行為溝通技巧！

既然人際間會互相影響，為何不也學學這些有成功魅力特質的人一樣，先積極主動去影響他人，發揮你的影響力呢？

當你逛街購物時你可以影響商家嗎？

當你上餐廳用餐時你可以影響其他客人和服務生嗎？

當你求職面試時你可以影響面試官嗎？

你當然也可以認為自己的樣子不重要。你可以說「我不是公眾人物」、「我的價值我自己決定」，你可以跟其他人一樣不需理會別人的感覺。一樣或不一樣，關鍵確實在於你自己如何決定，但是二者卻有不同的價值、意義與影響，這是你在做決定前，不能躲避或不知道的事！

「知道」就會改掉「習慣」

有一次，筆者在北京繁忙的東單北大街上欲步行到東方廣場購物商場的人行道上，一對男女行走在我正前方，男方談

論著他對北京大都會生活的看法（我猜測他可能由外城市過來），說著說著，他突然往右方吐了一口痰，接著若無其事地和女友再聊聊他覺得在大城市生活眼界開拓很多等等話題，行走間，他們因觀看路邊東西，我便超前了他們，待我正要進入購物商場，拉開入口門並習慣性地順便為下一位進入者Hold著門時，回頭一看，正是剛才這對男女朋友準備進門。他們對我客氣有禮地說「謝謝」。

其實這對年輕人是非常有禮貌的知識分子，只是他不知道隨地吐痰這個行為，已侵犯到大家的自由權，因為隨地吐痰會製造環境髒亂，甚至散播引起疾病的病原，所以會引起大家的擔心和不安。不止是他，這個國際大都市裡很多人都和他一樣「不知道」，所以大家不以為吐痰有什麼不對，甚至覺得這個習慣不值得注意或討論，因為大家不知道這個行為，在其它非本國人眼中，就是一個負面的非語言行為，讓人家感覺不舒服的、不安的行為。如果將本書教導的這套知識告訴這對男女朋友，我相信他們一定會改掉吐痰的行為。

不是不想改、改不掉，而是不知道、不清楚。

筆者曾假想，如果這對年輕人是走在美國的街上，大概就不會做這個「習慣動作」了。在美國看不到「隨地吐痰」這種

個人習慣，這在路上肯定會招白眼或被制上。

倘若自己不知道哪些負面的非語言的行為會帶給他人不舒服的感覺，不妨環視周遭看看，有誰讓你覺得他的樣子令你心動、會讓你留住目光、讓你感覺舒適？看看有誰的樣子會令你有好感或想靠近？為什麼？

身體語言是溝通行為中最有力的Silent Code，也是展現企圖心最好的工具。從服裝穿著、說話的方式，動作，表情……等等，在還不需要說出任何一個字，你就已經用最有力的方式在告訴別人：你是誰？（你在什麼職位，或者你正在追求什麼職位）你期望如何用自己的方式影響他人？你的與眾不同之處在哪裡？

沒錯，「知道」就會想「改變」，「看見自己」才能喚醒改變的動機與動力，才能啟動「改變自己」的開關。

以下提供幾種幫助你「看見自己的樣子」的方法：

1. **心態調整**：認識自己先天不能改變東西，例如：身高、體重（短期內不易變），膚色，髮色，高矮胖瘦尺寸，體形，身體比率等。

2. **觀念修正**：認識自己後天可以改變的東西（生活方式、習慣，選擇和哪些人去哪些地方做哪些事）。

3.**設定目標**：找出一個你心儀的角色偶像（role model），例：社會職場菁英或老師長輩。

4.**觀察掌握**：分析他的身體語言（body language），服裝、動作、說話的樣子和方式。

5.**選擇修訂**：找出可以適合你用的，並重新詮釋。

6.**練習再練習**：照鏡子練習，對鏡子穿上你將出現他人面前的服裝鞋子，對著鏡子說話，聽自己的聲音，看自己的表情和動作。

7.**詳實記錄**：寫下大綱記錄、用碼表計時，相機拍照，錄音。

8.**發現別人的反應**：請問家人，友人，同事。

此外，身體語言不只是「對別人說的話」，同時也在「跟自己說話」：

1.它是反應內心狀況最真實的話。

2.它的話是最不需要思考，就可以直接反應出來的話。

3.任何時候，它都在說話，而且說得比文字更複雜、更細微。

這就像一名演員，演出讓觀眾讚賞的角色時，演員除了得

不斷學習及揣摩被飾演的對象，也得不斷告訴自己：我就是那個人！

其對白、動作、服裝、表情……都不斷得融入「我就是那個人」的想法，演技成熟時，心理狀態也已經成功融入。

秒速的殘酷競爭：0.5秒決定喜歡或不喜歡

根據2012年《哈佛商業評論》（Harvard Business Review）的刊載，瑞士洛桑大學（University of Lausanne）商業及經濟學教授Dr. John Antonakis 所帶領的研究團隊指導的訓練課程「魅力領導術」（Charismatic Leadership Tactics，CLT）中的12項技巧，就有三項是非語言的技巧：聲音、肢體動作與臉部表情。由此可見「聲音和肢體的魅力領導」是溝通與管理領域極為重要的一環。而且，他認為每一個人無論是什麼身分、背景、學歷、經歷，都可以透過這種訓練課程，成為群體中有魅力的領導者，提昇影響力。

其實這些科學家所證實的，無非是「非語言」的影響力及重要性，目的就是要幫助人們在人際互動中，較容易達成被他人接受及肯定的目的，同時透過科學性的實驗，也讓人們瞭解

「影響力」是透過哪些機制如何製造出來的。

這些實驗成果對於瞭解人類行為產生極大貢獻，因此2009年《哈佛商業評論》（Harvard Business Review）才將「誠實訊號」評選為四十六年來「最具突破性的概念」。

在哈佛大學社會心理學教授Nalini Ambady所寫的《第一印象》（First Impression）一書中已指出，課堂中學生對教授的印象只需二秒鐘就定型了，而第一個印象是不是真確，必須看對方的行為舉止動作是真是假。

二秒太快了？告訴你更驚人的訊息。

2011年1月，美國心理學家約翰・馬納（Dr. John Mana）的研究發現：「現在的人喜不喜歡你，或接不接受你，只要花0.5秒的眨眼時間就可以決定了。」

這項突破性的研究在在證明：

你如何做，比你說什麼還重要。

（*How you act is more important than What you say.*）

「麥拉賓法則」指出，這些感覺被決定的速度只有約七至三十秒，而且這幾秒內決定的印象很不容易在日後被改變。

反過來講，建立良好印象的「上場機會」僅僅幾秒，我們自然不得不在平時就下更多功夫來練習。「臺上一分鐘，臺下十年

功」也很適合拿來描述非語言溝通的「深度」與「影響」。

　　《慾望城市》（Sex and the City）是一部近年來很受歡迎的電視影集。其中Speed Dating的情節，正可以反應約翰・馬納博士發現的0.5秒人際關係密碼。

　　Speed Dating是一種相親約會的遊戲。遊戲規則就是一群要結交異性朋友的人向主辦單位報名繳費登記後，主持人就會在固定的時間、固定的地方通知報名者參與。現場依據參加的人數，將小桌面排成長方形或圓形，並且在小桌面的左右各放一張沒有扶手的椅子，小桌子上各放一隻筆和一本小紙條。遊戲開始，主持人會站在圓形或方形的正中間以口哨來發令，每六分鐘主持人會吹一聲哨子，會員只要聽到一聲響起，就要提起臀部，手拿筆和紙條移往左右邊的椅子坐。

　　圓圈內的會員全是女生，圓圈外的會員全是男生。當哨子響起，所有人的標準動作都一樣，但坐在圈內的女生一律向右邊的椅子挪坐，外圈的男士則朝相反方向左邊移動。動作要一致配合哨子聲，如果你挪動得慢（譬如想聊久一點），就影響到下一位要挪坐你位子的會員。

　　如果一圈的人數是五十人，每六十分鐘活動你可以認識十位異性朋友，一百二十分鐘則可以認識二十位異性朋友。如果

主持人決定五十人一定要相互認識到的話，這個活動就需要進行五小時。而事實上，真正在玩遊戲的會員時間都非常寶貴，因此Speed Dating大部分都是在一小時內完成。

重點來了：一個鐘頭內只給你六分鐘去認識某一位異性朋友，並且在這六分鐘內，你要決定這個人OK或不OK，馬上做決定要不要和他交換電話及聯絡資料後繼續交往。六分鐘真的可以談很多東西？很難說，但是六分鐘確實以能釋放許多非語言的肢體與表情訊號，足夠幫助你做決定。

這雖然是一個稍具諷刺意味的都會型男女結交異性的方法，即便在自由開放的美國看起來都覺得有些不可思議，但卻又挺有科學根據，也算是一個商機無限的創意。

你為何買 *iPhone*？

「麥拉賓法則」證實，人類互動關係正式進入「視覺解讀時代」。人們習慣從視覺獲得的訊號或訊息來解讀事情——例如：從一個人的外表儀容、穿著、舉止、動作、風格、感覺等——因為這不但是認識一個人的「捷徑」，反過來（從積極面的角度）講，這也是人們可以藉以影響他人印象與判斷的新的

競爭力，同時也是自我表現的一種專業能力或工具。

　　「視覺解讀時代」可不是最近幾年才開始。長期以來，人們早就會用從你外觀所得到的認同，給予你提升專業形象、升遷機會或銷售成功機會等等的附加價值。但人們只看到結果，不知道原因，是科學家幫我們瞭解了「非語言影響力」背後的複雜機制。

　　正在閱讀本書的你，身上鐵定有一臺智慧型手機。

　　是iPhone？還是其他品牌？

　　在眾多智慧型手機中，人們為什麼會買「蘋果」（Apple）的iPhone？購買者在乎的不見得是價格、功能或品牌，iPhone的購買者多半是喜歡上它的設計帶來的感覺：時尚、雅緻、簡麗、低調又奢華的風格。就是這個感覺，創造並提昇它手機功能以外的價值。人們願意付出比其他廠牌更高的價錢買iPhone，買的不僅只是一支手機，買的卻是消費者認定的「那個感覺」、那種「fu」。有個認同，有種等號，會在購買者心中產生：

　　iphone那個感覺的價值＝他！

　　一位拿著iPhone的人，正在間接傳遞一個訊號給他人：我就是時尚、典雅、簡緻、低調又奢華的人。這就是我的風格。我

的風格就是我的價值。

　　許多看似普通的商業消費活動，其實都在另一個層面真實上演著「非語言溝通行為」的腳本。不論消費者本人值不值這個價，至少他肯定這個價值，也期望自己具備及擁有這種價值。

　　「視覺解讀效應」也常反應在精品名牌的追求上。

　　根據美國消費研究網站Bundle.com的研究報告顯示：

　　愈高度消費的地區＝愈高度競爭的地區

　　該網站列出2010年三月到2011年三月**全美消費力最高的前四大城市分別為：**

　　1、Washington D.C 華盛頓D.C

　　2、New York 紐約

　　3、L.A 洛杉磯

　　4、Chicago 芝加哥

　　消費商品排名為：

　　1、Shoes高級昂貴鞋子

　　2、Clothing剪裁合宜的套裝

　　3、Accessories配件

消費商品品牌排名為：

1、Yves St. Laurent

2、Really Great Things Inc

3、Kleinfeld Bridal

4、Giorgio Armani Boutique

5、Bridal Atelierby MarkIngram

愈高度競爭的地區，高消費的精品名牌營業量和需求也愈高，因為在這些地方工作或生活的人，需要更多的「非語言視覺解讀效應」，來強調其自身不同的附加價值，並藉以提升競爭力。

看看世界級精品名牌店愈開愈多的地區，愈可以洞察該地區的競爭力，同時也反應出，這類地區的人際交流中，需要更多的非語言行為溝通。

資料顯示，世界精品在各國家的銷售量排名，中國目前已超過美日兩大商業強國，換言之，競爭力的指標在中國已明顯較以往重要且受重視。

然而，「非語言行為溝通」不能只靠購買來加強，譬如僅藉由「服裝儀容」並無法傳遞完整的非語言溝通訊息，一位

出入時尚摩登商業大樓，衣著配件專業整潔，甚至全身上下充斥名牌衣服、鞋子、公事包等，但在電梯等候時，若靠著牆站立、手插放口袋裡、抖腳，或在辦公室面無表情、無眼神接觸、面無笑意、說話時無任何回應，不常說「請」、「抱歉」、「謝謝」、「對不起」等敬語，在餐廳對服務員大呼小叫、高聲交談、口中有食物仍在說話，手持刀叉作手勢……等，這些舉止都在在顯示這個人的「非語言溝通」習慣還沒內化到其行為與情境中，很輕易察覺看出「外觀」與「內在」的不一致性。

「視覺解讀時代」的來臨，並不是告訴大家「外觀」「外貌」很重要，而是在提醒人們：視覺解讀的影響往往比「語言」還大，視覺解讀的範圍擴及衣著、外貌、舉止、神態……等多個層面，比我們想像的還大很多。

溝通大師卡內基曾說過：「一個人事業上的成功，15%是由於他的專業技術，另外85%主要靠人際關係、人脈資源、處世技巧。」事實上，這個理論是經過科學證實的研究結果。

早在上個世紀80年代時，美國史丹佛研究機構（Stanford Research Institute）就曾對二次世界大戰後興起的富人，做了大數量的抽樣調查和長期的追蹤研究發現：「一個人賺來的錢，

12.5%來自知識（即Knowledge），87.5%來自人際關係（即Ability to deal with people）。」

《世界日報》2009年8月12日紐約報導：

越來越多美國人為了加強求職的競爭力，希望在面試中擊敗對手獲得工作機會，或者得到升遷的機會，開始回到學校重新上禮儀課。這並不是代表他們不懂禮儀或者他們不懂拿刀叉。最重要的是，他們開始真正了解到想要保住工作或者找到工作，需要的不只是能力和學歷而已。根據研究：獲得工作，保住工作，並且可以升遷的理由，與人際關係和技巧有關就佔85%。不講究禮儀或不懂社交技巧的工作實在太少了。如果你懂得足夠禮儀常識及人際互動的技巧（作者註：就是「非語言行為溝通」）你可以進入到任何公司，和各種社交情境中。美國的公眾人物像Paris Hilton,Lindsay Lohan與Britney Spears，他們錯誤的言行舉止不止對青少年造成不良示範，更傷害了美國社會的禮儀文化。Jordan Christy在著作《How to be a Hepburn in a Hilton World》中呼籲，當你走到面試場合的時候（Interview Social Situation），你就必須是要一個彬彬有禮的樣子。

什麼是彬彬有禮的樣子？就是「國際禮儀的知識」加上「正面的非語言行為溝通技巧」搭配演出時的樣子。

Chapter 9
影響你人生的兩張桌子

多數人一生中都有兩張重要的桌子。

一張是辦公桌，你每天至少要陪它八小時。

一張是餐桌，我指的是你家的餐桌，以及別人家的餐桌。

餐桌──你的第二張辦公桌

說到吃飯，大家都開心！

民以食為天，吃飯最大。中外都一樣，不管你是什麼膚色、語言、文化，吃最重要。所以中國人說「吃飯皇帝大」。

吃飯了，什麼事都必須放下。一說到吃飯，整個情緒也放鬆了。孩子一說到「吃飯了」就手舞足蹈，開心得不得了，尤其當媽媽喊小朋友吃飯的時候，全家人邊吃飯邊話家常、聊是非，比手畫腳，邊吃邊說，好不輕鬆快樂。

年輕人一起吃飯更是痛快，不止邊吃邊聊，甚至一整天工作的牢騷，都可藉此好好的發洩出來，大口吃、大口罵、大口說。

一樣是吃飯，可是換一個情境，若是要跟老闆吃飯，和同業或客戶吃飯，在這時候心中雖然也想要快樂地吃，可是因為對象不同、場合不同、目的不同，通常不太容易讓你可以像學生時代，或像和好朋友聚餐一樣暢快。

這種吃飯，有人說是「應酬飯」或叫「飯局」，不管怎麼形容，把工作和吃飯兩件事放在一起時，「吃飯」就是小事，這個「局」才是大事。

這頓飯通常不會讓你吃得隨心所欲，不幸的話甚至讓你痛苦不堪，恨不得趕快衝回家吃一碗泡麵或者在路邊攤簡單吃一頓，也比較痛快過癮。說不定心裡還自問：「有必要為了一頓飯吃得那麼痛苦嗎？有必要為了一頓飯這麼委曲自己的五臟六腑嗎？有必要去吃一頓無法大快朵頤的飯嗎？」

一頓小小的飯局，在現代的商業活動中，隱藏了很多的學問在其中。尤其對企業家而言，這是「看人」、「識人」、「品人」最好的場合。在這類飯局上，會比在辦公室正襟危坐時，更可以得到多種不同的關鍵訊號。而這些訊號對於觀察高階的主管更有參考價值，因為在杯盤交錯間，一個人的為人、個性、氣質不容易隱瞞。懂得在飯局中令人滿意、賓主盡歡的人，一定比在職場中或會議上的表現更令人印象深刻且難忘。

這也是為什麼高階主管面試或升遷面試時，老闆會約你在餐桌上見，而不在辦公桌上見。

　　往好處想，這種飯局難免會遇上幾次，終究無法躲過，不如平心面對。不過，若你願意試著朝「積極面」去想，其實這種餐敘應該要積極把握，並學習將這頓飯吃得輕鬆自在，並且產生「額外收穫」。你可以先告訴你自己：「吃」這件事必須要看場合吃、看人吃、看目的吃。如果把這些社交情境（Social Situation）裡頭的OTP搞清楚的話，吃絕對不會讓你這麼痛苦，吃反而會讓你有能力感、有成就感！

　　什麼是OTP？

　　O：Object 對象

　　T：Time 時間

　　P：Place 地點

　　和任何禮儀都一樣，餐桌禮儀也需要視不同的對象、目的和身分來區隔。這就是為什麼學生在上我的「餐桌禮儀課」（dining etiquette）之前都要經過「苦肉計」：絕對要求學生要先吃點東西才能上餐桌禮儀課。因為職場中也是一樣，商務餐會或宴會，絕對不是讓你為了滿足吃或大吃一頓的心態和目的而去的！

有些學生沒有按照要求就來上課，以為上餐桌禮儀課可以大吃一頓，結果中了「苦肉計」，因此就會牢牢記住：商務餐會的真正目的不是為了「吃」而已。

　　如果說「面試」是第一印象的戰場，那麼「餐桌」就是第一印象的魔鏡。

企業為什麼會將面試搬到餐桌上進行？

1. 了解面試者有無足夠的應對進退修養、教養及涵養。未來這些應徵者可能會代表公司宴請客人，到了餐廳不能只談產品、財報、指數，餐桌上的表現可否代表公司、代表老闆才是重點。

2. 觀察此人的禮儀、社交、溝通技巧。此時專業能力已不是問題，社交能力才是重點。

3. 餐桌上的小動作（與辦公桌上的小動作不一樣）與禮儀，無形中影響著你的職場發展。

　　如果你在飯局上，對大家所談論的話題擺出一臉完全沒聽過的表情；如果你在飯局上低頭猛吃自己的食物，不在意現場其他人的氣氛和諧；如果你在飯局上揮舞刀叉，邊吃邊說，還對侍者又指點又吼叫……想想看：最近一次你參加過的宴會或商業活動中，那一個人你會想與他再聯絡？你是根據觀察到的

什麼來決定？他的談話內容？他說話的樣子？他對人的態度、穿著、配件，還是站立的動作與姿態？拿食物刀叉的方式？走路的樣子？還是與他人握手的動作？……餐桌像一面魔鏡，把你職場表面下的許多真實面貌展現出來，你可能混然不自覺（那就慘了）或者不習慣（但還算表現得體），也可能如魚得水般得心應手，這些在辦公室裡看不到的「非語言訊號」都可以藉著一頓飯不過兩小時左右的互動被別人「盡收眼底」。

愈熱門的企業為何愈喜歡用「飯局」來挑選人才？

理由很單純：**因為可看出專業能力以外的競爭力！亦就是前面所說的 "Ability to deal with people"。**

在面試中，所有履歷表上看不到的東西，個性、態度、感覺，都可以在面對面的談話中看到，並藉以檢驗與自述內容的吻合度，進一步分析確認，比對出與該項職務或企業文化形象氣質吻合者，才考慮錄取。

但若面試後出現旗鼓相當的人才時，如何進一步挑選？又如何精準知道對方有專業能力以外的競爭力？

所謂專業能力以外的競爭力，在面試的情境中並不容易看到，它是非語言行為溝通中在「特定空間」才會發生的另一種樣子。這種樣子會透過不同的人、事、物搭配組合一起來呈

現。例如面試時有辦公桌、椅子，所以你必須知道如何坐著與對方交談，創造並留下好印象的樣子給對方，以通過面試。

但如果面試場景換成餐桌、菜單、水酒杯、刀叉匙、口布、餐包……等工具時，一樣考你的「口」，但不只是考你的「出口」（用餐時要說話），也同時考你的「入口」（用餐時要吃東西）！不但難度增加，最重要的是，這些都能反映你平時的習慣與修養，幫助考官瞭解你專業以外的能力，協助他判斷分析：將來代表公司或代表他本人接洽客戶、出席商務時，你的表現如何？可以為公司或為他增加價值（加分）或扣分貶值（減分）？

愈熱門、愈競爭的公司或職位更期望用這種方式挑選人才，就是明白專業以外的競爭力，是爭「人上人」的競賽，功夫下得多，習慣與修養就累積得多。偏偏這項習慣及修養學校沒有要求，成績單上更沒有列出來。自己下的功夫，更可以看出生活習慣選擇、養成及人生的企圖心。

餐桌上的功夫，非一日可成，非一蹴可幾。但餐桌上的修養，卻可以在一頓飯的時間內下定論。

所有的企業家都知道，這是一個必須用到，且非常有影響力的功夫。有些老闆要新進小員工跟班和他與客人用餐「觀摩

實習」目的也在此。

一個人在餐桌上的樣子，可以透露非常多的訊息。這種訊息無聲無息的進行，並且讓他人一覽無遺，毫不保留的裸露，遮也遮不住，藏也藏不了！

一個人上了餐桌，正如女人面對「魔鏡」一樣，毫不客氣地讓你的樣子「原形畢露」直接呈現。

從一個人的赴宴穿著，餐桌上的動作，凡是拿餐具、握酒杯、持刀叉、點菜、點酒水等姿勢動作，到席間與他人如何互動、談吐的方式和態度，都可以透露訊息給他人，推斷你的背景經歷、目前職務職位，以及將來想追求什麼職務的企圖心，甚至收入多少也可略知一二。

飯桌，是一個你在看別人時，別人也同時在看你的社交情境。

例如有人在餐桌上只顧自己喜歡吃的，想吃的。不在乎也不理會同桌人一起共餐的氣氛和感覺。事實上，懂得如何用心「招呼」滿足同桌的人吃得開心、愉快，並且會掌握或製造用餐氣氛的人，在職場上肯定也會是懂得如何對客戶用心及如何滿足客戶的人。

或者有人會用心收集或留心對方的喜好及習慣，在宴會

時，無論地點、環境、裝潢、菜單、飲料、口味、分量或特色上做貼心周詳的選擇和規劃，以便展現留下好印象的待客之道。

甚至用餐的禮節或對待服務員的態度等等，都是「專業能力以外的競爭力」。

吃飯是一種人際社交溝通工具，以對內、對外抱著廣結善緣為手段，真正的目的是要達到如何識人、如何用人、如何擇人。

現代人找工作、談生意、交朋友，全都離不開餐桌。「找個時間吃頓飯吧！」幾乎是生活與職場上沒有人可以避開或閃躲的場合。無形中，餐桌儼然成為另一個職場的延伸。飯桌也成為現代人的第二張辦公桌了。

這第二張辦公桌有多重要呢？

為何EMBA的學生如此重視這第二張辦公桌？

為何這些領導者如此重視飯局？

一頓飯局的重點不在事，而在人；不在當下，而在未來的契機。

具有領導視野的人看到了，瞭解如何發揮影響力的人看到了，你看到了嗎？

餐桌不只是吃飯的場合。一頓飯，可以深入認識一個人。

面試有道理

「第一印象」不只是他人對你的一種觀點或看法，更是一種人際關係中自我表現的重要能力。這種能力是需要學習、準備、練習及培養。

中國人無試不戰，唯獨面試不善。

每個人明明都知道第一印象很重要，不可輕忽大意，也都明白第一印象錯過不再、NG後無法重來，但「敗在第一印象」的後悔懊惱為何還是那麼多！主要原因說穿了就是：你尚未將它視為一種能力的表現，並積極準備及培養。

許多人仍誤以為建立良好的第一印象是一種「表面功夫」，無關實力、學歷和經歷，因此輕視或不重視這種「小事」，但是有太多實例讓我們瞭解，這些小事若沒有管好，錯誤、曲解或誤導性的訊息就會不斷以非語言訊號釋放出去，讓別人無法正確建立對你的第一印象。

在美國，這項能力在一般家庭中被視為是一項「成年禮」，很慎重地由父母送給成年的孩子（Young Adult），學校則以高中畢業舞會或大學入學面試送給將成年的孩子，在大學裡則指定為必修學分，讓學生在畢業前就能熟練這項技巧及

能力。如此的觀念及制度，令他們不只清楚明白這項自我表現能力的重要，更多方面提供了實際的環境給予充分的練習和培養。這就是為什麼我們常認為美國的成人或孩子們平常看起來很隨意、自由、不拘小節，甚至有點邋遢，但到了正式場合卻完全變了個樣：男生突然變成風度翩翩的紳士，女士則成為優雅淑女。Why？理由很簡單：他們早已熟悉及瞭解，在不同場合、不同空間、不同對象，針對不同事情或扮演不同角色時，都必須有不同的自我表現，這不只是能力，也是一種禮貌，更是一種被共同承認自我尊重，同時也尊重他人的表現。

正如品格與道德觀念一樣，這種能力愈早灌輸正確觀念，愈早練習和養成，一旦進入職場或參與各類社交場合，這項能力的表現就愈自然、愈自在。最重要的是，你必須接受這個概念：

建立正確合宜的第一印象是一種「自我能力」的表現！

美國大學聯盟（College Board）在「為什麼需要大學入學面試？」（Why we need college interview？）的第一點開宗明義就說：

A college interview is a chance to show that you're more than just test scores and grades.

（大學面試是給你一個表現你課業成績以外的機會）

Show that you're seriously interested in attending.

（表現你重視在乎有興趣加入我們學校）

這二句話清楚告訴大家：面試目的要看成績以外的東西，要看自傳寫不出來的東西。這東西是要表現出來的樣子，要給面試官看你如何真正的重視在乎進入該學校，且是有備而來的樣子。

為了幫助面試者創造出正面的、加分的面試經驗，他們提供幾個具體的訣竅：

1.Be on time.（好的習慣、尊重他人）

2.Go into the interview alone, without your parents.

（表現自信、展現獨立）

3.Be polite to everyone you meet.

（自信、大方、有禮地面對每一位你在校園內見到的人）

4.Act naturally.（誠懇）

5.Respond conversationally — don't memorize a speech.

（專心聆聽與回答，自信）

6.Use appropriate language and avoid slang.

（適當、誠懇、穩重的用語）

7.Be confident but not arrogant.

（自信、堅定、誠懇）

8.Tell the truth.（誠懇）

9.Express interest in the college and its programs.

10.Ask questions not covered by the college catalog or website.

（誠懇）

11.Avoid eating or drinking during the interview.（尊重、有禮）

12.Dress neatly and cleanly; don't wear the casual clothing.

（尊重有禮）

And one more reminder：Be sure to ask questions.

（適當的提問表示你是認真且有備而來的）

註 以上資料來源請參考www.collegeboard.com

　　以上都屬於對建立第一印象有加分效果的要求，讓學校知道你有備而來，才能處處展現自信、在乎、尊重等感覺、態度和樣子。

　　事實上所有面試的目的都是一致的：「看」你真實的樣子。

　　職場面試要看的也是履歷、自傳、經歷、學歷以外看不到也寫不出來的態度和感覺：你的誠懇、大方、自信、有活力、

正面、積極與在不在乎的態度等等，這都是可表現或未表現出來的「你」，換句話，是要做出來才看得到的東西。

多數人會將面試當做是考試，是一道難關。但瞭解非語言溝通的影響力後，你應該要學會將面試看做是一個「**表現機會**」。

在自傳中你可以寫自己是「如何積極正面、向上、有活力、有自信、大方開朗的人」，但是面對面（面試）時，你答話的聲音有氣無力、咬字不清、口頭禪和虛字過多，眼神向上或四處漂移，下巴低垂（下巴與脖子的角度小過90度），坐姿和腳不時變化擺動，手勢不自在的放置並使用過多、誇大的動作……這些畫面都讓面試官開始從你的自述中努力尋找「可以配對的訊號」，藉由訊號來測量判斷：他所看到的畫面是否等於自述（履歷與自傳）中的你。

舉凡你的守時行為（包括遲到的應變處理方式）、打招呼冠稱謂和姓氏、有備而答的舒適應對（對方不願看到你答不完整、沒有準備好的窘狀）、合宜的服裝儀容、有禮貌的進退舉止、獲請坐提醒時才入坐、端正坐姿、誠懇的目視（eye contact）、自然大方的表情及手勢等肢體動作、說話語調速度……等等。都是面試官要看的感覺。綜合這些經由你表現出來的感覺，來判斷你在乎多少、重視多少的態度。

如果你遲到了，不管原因如何，你不做任何處理通知，讓對方不明的等候，除非是發生較緊急的意外，否則一定要在約定時間前說明通知。就算路況意外受阻，也應立即去電告之將遲到多久或詢問對方可否接受遲到面試。對方除了可依據你回報的狀況做應變處置，也可將你的反應態度列為「瞭解你」的參考資訊。立即回應的表現，是非語言行為中積極態度的反應，既是尊重對方（避免他人莫名原因枯等），也是負責的表徵（勇於面對及說明）。

　　這些由表情、說話聲音、速度、肢體動作、手勢、站坐姿勢，甚至服裝的風格型式與色調所傳遞出來的「非語言溝通行為」訊號，就是你本來的樣子，也都在面試禮儀（Interview Etiquette）中規範著。

　　每個人的誠實訊號反應都相去不遠，畢業自大學名校的高材生和一般沒唸過書的人不會有太大差別。一旦遇到「緊張、不安」的處境，心跳會加快，血液加速運行，臉頰、手心冒汗，手腳發抖，眼神漂移不定等等。這些反應無法控制或偽裝。你嘴上可以說「我不害怕，不緊張」，但是你無法叫你的手不冒汗或叫心跳慢一點，所以當下你演不出自信、自在、大方的樣子。

談到自己，人總會為自己多說些好話，用寫的（自傳履歷）或說的（如自我介紹）來形容自己是大方、自信、喜歡與人交往的個性和態度。但是一接觸人群時，卻獨自坐一角或不與人互動打招呼，說話聲音又小等等。真正可以反應出態度和感覺的訊號，是來自非語言的「演」，而不是語言的「說」。因此「面試」是一個個關鍵步驟，兩次、三次或更多次的面試也常是需要的。

　　面試文化的精神，說穿了也不過是想透過面對面的方式，用視覺感官來「查證感受」，檢驗面試者自述內容的真實程度，以便讓公司找到真正需要的人才。

　　面試文化就是要由面試禮儀（Interview Etiquette）去提昇並闡述面試的目的。以下再提供一些負面的面試動作，在非語言行為溝通上代表的意思，讓你可以輕鬆從容在面試中，避開不好的表現，獲得正面的好印象。

1.進入面試空間時：

（1）眼睛四面遊動觀看：代表不從容、不堅定、不自信。

（2）沒有主動打招呼：代表不自信、不大方、不禮貌。

（3）走向主考官時面部下低、肩內縮，上半身不挺直，移

步拖拉，打招呼聲低小不清：代表不積極、沒活力、沒熱忱、不在意、沒興趣。

（4）走向考官前時，手部拉扯衣褲邊，或插入口袋：代表緊張、不自信、不禮貌。

（5）握手無力甚至僅手指觸握：代表不誠懇、不堅定、不自信。

（6）握手時沒有專注（眼神接觸）或一閃而過的四目交接眼神：代表不誠懇、不堅定、不自信。

2.面試進行中：

（1）坐姿（肩腹內縮、背後傾）背靠椅，下巴上揚或下低（過90度或小於90度）：代表不誠懇、不在意、沒興趣。

（2）點頭聆聽與回應：代表專注、興趣、在意、肯定、認同。

（3）鼓起腮幫子：代表想釋放壓力、不認同。

（4）嘆氣或深呼吸：代表想釋放壓力、不確定、不認同，不想準備回應。

（5）皺眉：代表懷疑、不感興趣、不安。

（6）眼神上下或四面移動：代表代表不從容、不堅定、不自信。

（7）過多、誇大的手勢：代表不安、不自信。

（8）雙手交握胸前：代表不安、防備、抵禦、拒絕。

（9）抖腳：代表不安、不耐煩。

（10）蹺腳：代表自在、權威。

（11）雙腳（膝）不對說話者：代表不感興趣、不專注、想離開。

（12）淺坐雙手平放上半身向前微傾：代表重視、專注、誠懇。

（13）聳肩：代表不知情、懷疑、不自信、不安。

（14）對話中拍肩整理儀容的動作：代表不重視、輕忽、藐視。

（15）交談中，雙手指尖對指尖握姿（Hand Steepling，塔狀手）：代表高度自信（想法、地位、身分）。

（16）雙指塔狀（Point of Hand Steepling）：代表高度自信，但雙指若正直對話者，則代表挑釁、指責、不信任。

（17）雙手緊握（禱告狀）：代表緊張、擔憂。

（18）雙手緊握拇指向上：代表自信、正面、傳遞想法。

（19）禮貌性微笑（嘴角向耳方向移動）：代表大方、應付得宜。

（20）真誠性微笑（嘴角向眼睛上方推）：代表誠懇自信。

（21）抿嘴，舔嘴：代表緊張、焦慮、不安。

（22）輕快上揚語氣：代表積極、正面、有活力。

（23）中低語調：代表堅定、自信。

（24）中慢語速：代表堅定、自信。

（25）不停變換姿勢：代表不專注、不感興趣、沒耐心、想離開。

3.面試後離開：

（1）主動握手示謝意：代表積極、誠懇、自信、正面。

（2）七天內的手寫謝函：代表積極、誠懇、自信、正面。

贏在關鍵前30秒

一封簡歷，經過電腦email送出，只需一眨眼時間，馬上可

以翻山越海無需休息停頓就傳遞到遠方。然而,無論科技如何發達,電腦上的「手指或眨眼」仍無法取代人類最真實、最原始的溝通方式。「語言文字」與「非語言行為」二者都可以用看的方式來感受,但後者由觀看所得到的想像空間,比前者大得太多。

我再教一些簡單實用的「祕技」與「心法」,讓你可以在與他人面對面接觸的三十秒內,盡可能替自己創造良好的第一印象,或爭取贏人於無形中的先機。

1.正確傳遞你要給他人的訊號,掌握你擁有的主導權,愈給他人愈多正面的訊號,就得到他人對你愈多正面的感覺和印象。

2.對自己給他人的感覺要負責,例如:遲到、服裝不對、應對無禮⋯⋯。

3.充分運用「首因效應」或「初始效應」(Primacy Effect)建構優質的第一印象及令人可以信任的感覺,尤其建議職場新手要多利用首因效應創造接受力。職場老手就應該多應用月暈效應(Halo Effect)創造影響力,二種方式都是令人感覺舒適的正面的非語言行為的樣子。

4.步驟:獲取正確的禮儀知識與非語言行為技巧→練習它

→觀察它→接受它→再練習它→真正用到生活和工作中變成一種習慣，變成你的樣子。

5.把鏡子當做最忠實又不必花錢的朋友。

6.懶人必勝絕招：運用「物以類聚，生存法則」，找出你心儀的偶像、菁英、領袖等令人尊重心儀的對象，接近他、觀察他、學習他，模仿久了，你就會真的和他一樣。演久便成真！（Act it until become true.）

7.利用「六大SOFTEN法則」從主動打招呼說「你好」開始：

S－smile微笑

微笑的表情讓人感覺容易親近，沒有距離感，友善、溫暖。真正從內心發出來的微笑不會說謊，可以讓他人非常直接感受到，這種微笑嘴角會不自覺上揚，臉頰上的兩條肌肉也會隨著嘴角往上牽拉帶動到眼睛，讓眼角微往下彎（甚至擠出眼角皺紋）。不是發自內心的微笑也非常容易看的出來：雖然嘴角往上揚，可是眼型不會有變化，因為嘴角上揚的力道沒有牽拉起臉頰的兩條肌肉，所以眼睛沒有往下彎的變化。這是嘴笑

眼不笑、皮笑肉不笑的假笑。

一般微笑可分為三類：

1. 三分微笑：也叫「公眾式微笑」（Public smile），只有嘴角往兩邊或稍微往上提，但是嘴唇是閉著。例如有名的「蒙娜麗莎的微笑」就是標準典型。

2. 五分微笑：也叫「禮貌性的微笑」（Polite smile），嘴唇裂開嘴角往上彎，並露出上排牙齒，如美國總統歐巴馬。

3. 十分微笑：也叫「真心的微笑」（True smile），這種微笑不只嘴角往上彎，兩個嘴唇是分開的，兩排牙齒完全露出來，臉頰和眼睛末端的肌肉都會被牽拉出來，這時候眼睛裡面和心裡面的表情是一樣的。

除了主要的微笑方式外，還有幾種微笑可以配合不同情境表達：

1. 緊張式的微笑：例如「不好意思，請借過一下」、「麻煩你幫我按一下六樓」等等，這種情形都是一閃而過的微笑。

2. 抱歉式的微笑：例如「早知道我早一點進公司就好了！」、「都怪我大嘴巴，說溜嘴了！」此情境的微笑

稍顯無奈和勉強，所以有時會出現扭曲的，或一上一下的嘴角動作。

3. 詢問式的微笑：例如「你看我這想法不錯吧！」、「我就知道我猜對了！」等等，這種情形會配合眉毛稍微往上揚的出現。

O－open arms張開雙臂

「張開雙臂」加上「雙手」，表示大方、自信，展開胸襟表示歡迎或對他人表示有興趣。將雙手交叉在胸前或將雙手扣住膝蓋或者將文件或將皮包放在腿上，這種動作都會讓他人感覺有防禦自衛、不信任他人的感覺。與人面對面時身體的正面盡可能排除兩人之間的障礙物，例如雙手交叉或翹腳，雙手握住膝蓋，或者將物品或皮包放在身上等等。

F－Forward Lean面向對話者前傾

身體上半身向對話者前傾。當坐著和他人交談的時候，身體上半身輕微向前傾，以及膝蓋、鞋尖朝著對方。這個動作可

以讓對方感受到你對他的認真肯定，以及對話題感到興趣。相反的，如果把身體往後傾，甚至身體上半身靠在椅背上，將膝蓋或鞋尖避開對方……這些動作都會反應出你對對方不感興趣也不重視，甚至對他的談話感到厭倦，好像想拉開兩人間的距離。通常坐姿上若習慣保持「淺座」的坐姿動作，就容易完成向說話者前傾的正面感覺和印象。

T－Touch接觸（握手和語調）

　　一般社交場合當中，握手是第一次接觸時最簡單、直接、有效且普遍的破冰方式（IceBreaker）。但是握手的力道和方式會影響你接觸他人的感覺。正確的握手方式為 "whole V to whole V"，四指緊閉與大拇指分開，讓拇指和食指分開成「V」字型，並且和地面成垂直狀，握手的力度要四指包握對方掌心。這個動作完全可以表達出接觸的溫和度和堅定度（溫度＋力度），如果外加上一句友善的問候語及微笑的話，就能完成人際關係中最強烈完美的第一次接觸。根據2010年美國人力資源調查報告顯示，和他人握手的力度感能夠影響他人對你的第一個印象。

另外一個接觸度叫「語調」（Tone），相同的一句話透過不同的語調，給別人的感覺也會有不一樣的結果。例如一個簡單的謝謝，如果是一個誠懇堅定的語調，會讓他人感受到你的真誠；反之，語調若過於輕閃，則容易讓他人感受到不在乎的感覺。美國知名詩人馬雅・安哲羅（Maya Angelou）有一句名言：

I've learned that people will forget what you said,
people will forget what you did,
but people will never forget how you made them feel.

E－*Eye contact*眼神接觸

與他人四目交接也是最直接坦誠的身體語言。眼神閃躲、眨眼或漂移，這種眼神都會讓對方覺得不自信、不肯定、不堅定。人際關係中最常用的專業有力的眼神區（Eye Contact Professional Zone），就是堅定不移的四目交接，但這不等於緊盯著對方不放，而是要發自內心真誠的感覺。

N—Nodding 點頭

與人交談或聆聽的時候,適當的點頭可以反應出你認同、肯定、有興趣這段談話,當然也表示你專心認真的與對方在交談,而不是敷衍的態度。但是點頭的速度和次數,不可太快或太多,容易讓對方感覺你在敷衍。

【職場小幫手】遞張小名片,也有大學問

名片,在今天的職場社交中,是一項必備的工具,它如同個人的身分證,是介紹推銷自己最普遍也最簡單的方法。名片也是你傳遞訊息的非語言工具。

有關名片的起源,在歐洲禮儀規範的歷史中並沒詳載,反而中國古代的「拜帖」較有可能是現代名片的由來。

早期中國,古人欲拜謁長官或地方有聲望地位的人士時,一般都要帶著「拜帖」前去拜見。這「拜帖」上會有自己的名字與身分資料。到了長官或地方有聲望人士家中,要先將拜帖交給管家。由管家將它

向主人請示是否要相見。待主人同意後，管家才領客人入內拜訪。若主人不同意，則會將拜帖退還，並由管家表示拒絕受訪。

「拜帖」在當時是用竹片、木片製成，再以鐵筆刺上字，因此也稱「刺字」。因為它是用來介紹自己名字的，所以也稱「名刺」。

後來有紙了，就不再用竹掛。沿用到現代，把自己名字職稱或行業別、連絡方式等資料印在紙上，所以「名刺」就改稱「名片」，這應該就是名片的由來了。

這一張小小的名片，在現代繁忙的職場和社交活動中，成為很重要的溝通工具。尤其遞名片是最基本的社交禮儀，在初識的場合、與人交際上少不了「社交三步曲」的步驟：引介、握手、交換名片。在華人職場或社交場合中，習慣見了人就發名片，在禮儀上卻不盡合宜。名片不應只在乎發了多少，應注意發出後有多少效應回應，才是達到發名片的目的。

1. 位階低者不宜冒失主動送給位階高者名片，以示尊重其位階高的社交人格權，否則被拒收或勉強收下後扔在垃圾桶很難看。最合宜又兼顧尊重的方式，應由第三者或主人或主辦單位引

介最洽當。

2.歐美人士在第一次會面中，不太會直接給名片。一般會侍雙方有進一步合作或交流必要才會給名片，因此首次碰面不可冒然索取對方名片。

3.長輩或女性可以不給名片。

4.同輩在職場或社交場合中，交換名片時避免使用「名片用完」的藉口，容易導致誤會，讓他人以為你不想給。

5.交換名片應雙手將名片字樣朝對方正面呈遞，以便對方清楚看見上面資料。同時以雙手接取對方名片。（若是雞尾酒會式的活動中，左手持酒杯，保持右手懸空，以便隨時可行握手及單手交換名片動作。切勿因手持酒杯後，以冰冷或微濕的手行握手禮或交換名片，甚至出現邊拿名片邊擦乾手的動作）

6.接取對方名片時，眼神宜誠懇注視對方，並略帶微笑，將收到的名片上名字唸一次，以示善意和尊重。（也是藉機記住對方的名字）

7.遇有唸不出的字，可大方請教。

8.應將收到的名片仔細放進名片夾中放好。勿隨

手插放口袋、褲袋、皮包中，或夾在書本資料袋中，更勿出現在手中玩弄折疊等帶有不尊重意味的動作。

9.若在會議中交換名片，可按座位排放對方的名片在桌上，以視尊重及方便會議行進中正確知道發言者名字等資料。

10.社交場合離席後，切勿將不想留的名片丟在現場垃圾桶。

　　名片，自古以來就是一個人的代表縮影。重視、珍惜對方的名片，也期望他人等同對待自己的名片，一樣的同理心。

贏人一步並非沒有訣竅，看得懂就不難學。

Chapter 10
在中國，看世界

　　我在美國獲得國際禮儀的專業認證，但我最想將這套西方世界的知識帶回中國與臺灣。

　　我在赴美前，其實已在臺灣推廣過國際禮儀的課程，而且深受歡迎與肯定。現在的中國，與數十年的臺灣有某些類似的發展軌跡，尤其當富裕的中國人開始在世界各文明國家湧現，並出現一種我認為叫「非語言溝通障礙」現象時，一種「到中國去」的聲音便一直在我心裡出現。

　　中國自古即有「禮儀之邦」美譽，中國文化有數千年的深厚陶養。我在臺灣出生長大，身上流的是炎黃子孫的血液，語言與文化在我身上也留下深刻的東方印記。因此，在我眼中，無論出生在臺灣或中國，我們這些「龍的傳人」實在不應被這套國際禮儀的專業語言給打敗，或因此被他國人士看輕。

　　尤其當我愈深入找回自己身上的「中國味」，就愈能發現，所謂西方文明國家象徵進步的國際禮儀內涵、知識或精神，其實我們老祖宗在數千年前就多半都講過了。

　　換言之，要讓「中國味」與「國際化」相接軌，我認為其

實並不難。我們的文化涵養裡，早已備足了相關的養分，欠缺的只是懂得順應種籽先天優勢，及利用後天工具的好農夫。

一則《世界新聞網》的時事新聞，讓我頗有感觸。

新聞標題說，「在美華人習慣西方美式禮儀，返鄉卻被嘲諷」，大意是說，近年在美華人回中國探親訪友返美後表示，已經習慣國外的西方生活禮儀，但有些在中國卻行不通，甚至引起親友嘲笑。例如：

1. 有人在進出百貨公司商場入出口門的時候，前者禮儀習慣會為後者扶門（即Hold the door for next one），結果「扶」了半天卻被當成「門僮」。

2. 有人說話輕聲細語（即二人距離式的交談聲音量）結果卻被嘲笑「到了美國身體健康變差了」。

3. 在美國如行走在街上，與迎面而過的人常常會互相微笑道好，以示尊重友善。但在中國卻被親友冷笑說「腦子有問題」，或另有目的，親友還提醒她萬不可這樣做，免得被對方認為是想行騙或傳銷。

4. 中國親友到美國探親時，因不懂乘車的國際禮儀，把「親友當司機」的失禮、失友善狀況也時有所聞。往往

美國親友高興地開車帶大家出門shopping、觀光，只見中國親友一上車往右後座坐定，把親友當Taxi司機一樣（前坐空著），讓興沖沖的美國親友心中有不被尊重的滋味，留下無禮的印象。

許多往返中國的華裔美人都感到納悶不解，皆認為中國經濟進步那麼大，人們文明禮儀行為也該隨之前進、進步才是。

 *Etiquette*

美國人也不是都會迎面打招呼

在美國，除了南方，東西二岸在自由權上的非語言行為表現上，也有習慣上的不同。東岸（如N.Y.）迎人少有人主動打招呼（辦公室以外），西岸（如L.A.）迎人較會主動打招呼。在L.A.習慣見了人，就算不認識也會點頭微笑、眼神相會地打招呼，大概加卅陽光比較起濕冷的紐約熱情溫暖許多。紐約客（New Yorker）面對寒冷的天氣，習慣用厚重的衣物包裹身體避寒，難免將心情和表情都一起包藏（嚴肅些）起來。而「LA客」卻習慣用輕鬆開放衣物避暑，難免心

情和表情也都開放（輕鬆）些。

　　看來天候影響人的非語言行為表現，是有科學根據的。

　　如果下回在中國不妨可以試一試：在電梯間會主動向你打招呼的老美，大概來自充滿陽光加卅的。

　　我也在中國的餐廳、咖啡廳發現一些怪現象。

　　一位老中若用中文說「請給我一杯咖啡」，所受的招待比說英文 "May I have a coffee please？" 就有差別！

　　本人親身試驗後，我認為這是侍者自己不尊重自己，甚至是壓低自身社交人格權的行為。每一種社交人格權都是「自重才得人重」的行為。侍者若因顧客所操語言不同，而有服務上的區別，就屬於不自重的作法。

"Sweet 16 Etiquette" 中國開課動機

　　十六歲，是告別兒童少年期，也是開始進入如何學習準備做一位成人的重要階段。

在美國，十六歲生日是一件大事。每個孩子都盼望這個屬於自己的大日子到來。因為這天開始就進入合法開車年齡，可以擁有駕照。同時也宣告孩子開始可以脫離長輩視線，象徵他們可以擁有更多自由。

　　對父母而言，十六歲是要放手給孩子更多的自由，讓他們開始學習成人的活動和權利

　　對孩子而言，十六歲是獲得更多自由和權利的開始。除了學習如何參與成人活動外，更要學習如何履行成人應盡的責任與義務，練習成人的人際生活行為管理。反之，十六歲以前都是父母為孩子做生活人際管理工作，吃飯、睡覺、讀書、上學、補習、同學生日會……多半都由父母安排。

　　所以稱已經十六歲的大孩子 "Young Adult"，對於成人活動中的應對進退和言行舉止的要求和期盼，已開始要視同一位成人般看待。

　　當他或她開著車，手持方向盤，自由駛向未來的人生道路，開始面對雙腳如何控制速度的前行、減速或停止的同時，除了「只要我喜歡有什麼不可以」之外，面對他人一樣擁有的自由與權利之間，更多需面對的還包括對他人的在意、顧慮（consideration）和尊重（respect）。

十六歲以前，人家會說「小孩子，沒關係」；16歲以後，人家會說「沒大沒小」、「不像樣」、「不像話」。

　　十六歲以前，你可以不在乎他人的感受，什麼事可以躲在父母的後面；16歲以後，你必須自己坐在大學入學面試官前，不可再有父母躲靠或同行。你必須自己獨立面對在乎他人的感受與感覺了！

　　所以美國很多家庭會送他們的16歲Young Adult學國際禮儀（Etiquette）當作孩子最好的成年禮物，讓孩子學習大人活動中成人該有的應對進退的「樣」、成人該有的言行舉止的「話」。

　　現代父母可以給孩子的物質太多、太豐富了。他們缺乏的不會是手機、電腦、iPhone、iPad、名牌球鞋，甚至跑車，他們更需要的是準備做為成人時，學習在人際中如何受人肯定、受人尊重。

　　在成人的活動中，懂得尊重他人，不是只有享受權利和自由，善盡責　與義務，才是贏得尊重、受人歡迎及肯定的根本。

　　正如中國作家韓寒在其微博發表的〈太平洋的風〉中所

言：「他國不會因為你瘋狂買跑車遊艇精品名牌而尊重你」！

　　中國正走在富裕的道路上，中國的父母給孩子的物質太多、太豐富了。但和美國的Young Adult一樣，他們缺乏的並不是手機、電腦、名牌、精品，他們需要的是準備進入成年社會時，學習在人際中如何受人肯定、受人尊重。

　　在中國，如果您的家庭年收入達到人民幣35萬以上（等於美國中等家庭收入），建議一定要給成長中的大孩子學習國際禮儀。其他才藝項目可視孩子的特質與未來發展個別學習，但國際禮儀應視為「必修」，因為未來孩子在任何時候、任何地方都一定派得上用場。

　　一個成長中的大孩子，不是在他學琴或打球的時候才需要被他人肯定與接受。也不是只在父母面前需要。16歲以後，大孩子有很多的場合是自己得獨自應對。交友，在朋友及朋友的長輩前，大學入學面試，在學校師長輩面前，出入公共場所（餐廳、銀行、電影院、圖書館……），甚至搭車、搭飛機。這些場合都開始不需要父母陪同。大孩子們在離開父母視線後的應對舉止，是否可以被他人接受與肯定？相信是所有做父母心中最大的關切與盼望。比起課業成績，他們更渴望孩子在社會人群中是被接受與肯定的。

在家裡不用排隊或出現需守時的場合與要求，在家也不會有被遭人「白眼」、排擠或拒絕的狀況。社會的規範和在家的規範不同，由專家向自己的孩子教導，就是父母教孩子學習尊重他人的第一步。

　　社會的規範（如法律、交通法則、國際禮儀）不是父母自己訂的，不是家規。國際禮儀是大家共同的言行舉止、應對進退的規範，是大家訂的共同準則。讓孩子知道，入社會學大人的事及活動時，就要遵循大家的規範了。

　　國際禮儀，不是父母訂定的，連父母都要依循。

　　國際禮儀，是大孩子一輩子必需上過的一堂課。

　　這是聰明父母的選擇。也是父母送給大孩子，以身做則，尊重他人的最好表現。

　　國際禮儀是一張進入高級社會的門票，一把打開世界之窗的鑰匙。

　　從我到中國講課獲得的熱烈反應後，我很清楚地瞭解，當中國從世界工廠轉變為世界市場時，國際禮儀將會是一個富裕中國銜接西方文化的一個重要關鍵。

附錄 *1* 國際禮儀必修課
Universal Unspoken Code

國際禮儀中如何表現對環境的尊重

這裡的「環境」是指公共空間（Public Place）、公共建築物（PublicBuilding）或公共開放空間場合，即所謂的「公共場合禮儀」（Public Etiquette）條例及規範。

公園、植物園、動物園、高爾夫球場、運動場、遊泳池、博物館、劇院、音樂廳、電影院、圖書館、機場、飛機、火車、公車…等開放性、非私人擁有的空間，就屬於大家都可以去的公共空間，所以要尊重並且維護每個人都可以平等自由的使用權益。因此有各種不同的公共空間規定或條例去遵循。

因此在這定義之下，就產生了各式的「公共禮儀」（Public Etiquette），例如搭飛機禮節、出席交響樂音樂廳禮節、圖書館禮節、參觀博物館禮節等等。

例如：公園中有「愛護草皮」的標示，不亂丟垃圾、不吐痰、不吸煙等，都是要維護大家可以使用的環境。打高爾夫球時，教練會教你補填揮桿後草皮。

在公共場合或建築物（一般指戲院、劇院、音樂廳、圖書館、博物館及展覽館等）欣賞交響樂的表演時，為提供大家可以平等地進出並且享受活動，有些建築物會因為特殊的用途而對於參觀的人會有特殊的要求，特別是在 "Dress Code "上的要求，譬如聽交響樂團表演時會要求避免穿有毛料（Fur）或絨類（Velvet）的布料，以免在樂曲演奏時產生吸音效果。當然，進場時間、行進鼓掌聲（及一切可能干擾的聲音，如手機、相機、錄影機等）和中場的休息也有特殊的規定。這些公共場合的規定就是所謂的社交禮節的一部分，目的也是在尊重和維護大家可以平等適用的權益。

另一種在美國生活中亦常見的公共空間表演是 "The Concert in the Park"，這也是美國人暑假全家最超值的美式休閒活動。

以在L.A.各個市府在暑期為市民舉辦免費的 "concert in the Park" 活動來說，性質上是屬於戶外、夜間、公園裡，野餐加音樂表演及電影播放的活動，對象是一般民眾（老少大小皆宜），目的就是鼓勵市民參加有意義的家庭休閒活動。一些基

本禮儀規範和相關注意事項如下:

- 由於場地是開放式的公園,儘可能早到,以便有足夠時間停車並找到適合的草坪位置坐下。

- 選擇位置大小,以夠用為原則。鋪好自己的墊子或小折椅後,別忘了向你前後、左右的新鄰居打招呼或點頭微笑,展現友善。(留心左右若有長者、幼童或行動不便者,要給予較足夠的空間。)

- 自備的食物飲料,宜輕簡的便食,並且降低雜音,例如袋裝好的三明治,可倒出或插入吸管的飲料(避免開罐式的),避帶刺鼻或重口味的食物。

- 手機應轉換至震動式,儘可能席間不用手機,如果必要請簡短、低聲或暫離席,以免干擾他人和表演。

- 節目進行中要安靜觀賞,不宜喧嘩,更不宜批評抱怨,有意見應向主辦單位反應。

- 遵守活動規定,勿擅自爬樹或有站上建築物等危險動作。

- 避免做出令人感到不衛生的動作，如摳鼻挖耳、騷癢抓頭皮、剪指甲、剝手腳皮……等。
- 女性，長者，孕婦，幼兒優先。
- "Please"、"Thank you"、"Excuse me"不可少。
- 活動結束時，應將環境歸回原狀，把垃圾收捨整潔，並分類丟棄。

以下針對其他常用的**國際禮儀規範**為讀者略做介紹：

1.機上禮節

- 不要帶有特殊味道的食物例如：大蒜、榴蓮、鮪魚（tuna）。
- 不搽香水 。
- 搭飛機的時候將椅背往後躺，一定要問一下坐後面的乘客：「我可以往後倒嗎？」或者「對不起，我要往後倒了」通知一聲。

- 在機上不要把襪子脫掉。脫鞋後應該向乘務員要一雙機上的拖鞋避免腳的異味外散。
- 長途飛行當機艙共用燈關掉的時候，就是讓空服員和乘客睡覺的時間，盡可能不要使用客人夜燈以免影響他人入睡。
- 靠近走道的位子不要把腳伸出去，以免妨礙別人走路。
- 坐在中間位子，每次要出來的時候應該跟隔壁的說聲「對不起」。
- 如果要常去洗手間，就要詢問靠走道的乘客願不願意換位子。
- 使用完洗手間，一定要保持原來乾淨的樣子，讓下一位可以乾淨的使用，並且不要使用太久。
- 對空服員的服務要禮貌回應，他們是不拿小費的服務應該要尊重。
- 跟空服員要免費的酒，應該要有節制。
- 用完餐點盡量把餐盤盡可能放整齊，讓空服員方便收回。

- 機上對話音量以兩個人聽得到為主，不影響別人休息和睡眠。
- 觀看機上的免費電影，音量應壓低至不要影響他人。
- 如果坐在你旁邊的乘客正在睡眠，請勿打開個人電視。
- 不要把行李放在別人的位子上。
- 要拿行李時確定行李不會滑落到他人身上。
- 下飛機領行李，應與他人保持一隻手臂的距離，以免撞撞到他人。

2.住飯店禮儀

In lobby：

- 不要佔用lobby的沙發太久。
- 不要在lobby化妝、梳頭髮、照鏡子或數錢。

In Hotel：

- 個人清潔用品可以帶走，不可帶走浴室毛巾、吹風機、浴袍、睡衣、衣架、熨斗、枕頭、椅墊、茶杯、酒杯、聖經。

- 不可以在床上抽煙。
- 不可以穿著睡袍和拖鞋在飯店的走廊走路。
- 小費放在枕頭旁或夜燈桌上。

In Shower room：
- 洗澡的時候要把浴簾拉上，並且垂放入浴缸內。
- 大毛巾擦身體，中毛巾洗臉或擦頭髮，小毛巾沾肥皂洗身體。

3.小費的禮節

- 餐廳：消費額的10%～15%，如果服務特別滿意可以給20%或以上。
- 計程車司機：消費額的10%（如果有行李，每一件再外加$1 USD）。
- 旅館的門衛：每一次開門$1 USD。
- 旅館的行李員：每一件行李$1 USD。
- 旅館房間清潔員：USD$1～3，房間使用人每多一位多給$1～2。

- 旅館房間送餐服務員 Room Service ：消費額15～20%。
- 酒吧調酒員（餐廳一樣）：消費額的10～15%。
- 參加旅行團時，給導遊至少USD$3，司機$1～2（旅行團 或導遊的規定不同）。

小費要如何放

- 在餐廳，小費可以放在桌上或在帳單一起，並說聲「不 用找了。（Keep the Change.）」
- 在旅館，小費可以放在房間的枕頭上或床頭櫃。
- 旅館的行李員和門衛，可以直接交到他手上。
- Room Service 的小費可以簽在住房的帳單上或另外單獨 給他。
- 住旅館的時候，特殊情況下你可以把小費放在信封裡寫 上清潔員的名字。

4.在公共場合如何使用香水禮節

- 有三個公共場合絕對不能搽香水：飛機上、醫院、求職 面試。

・在上班，戲院和教堂等不適合的場合盡量避免搽香水。如果非得使用，應限於淡花香。

5.電梯裡禮儀

・電梯打開時，應先讓裡面的人出來才進去。
・位階高者、長者、女士、殘障人士、小朋友、孕婦有優先進入電梯權利，並應主動挪開空間給這類對象使用。
・門要關上時，外面的人不要硬擠。
・進入電梯後應盡量往內走，並轉身面向電梯門。
・進電梯後，站在按鈕旁邊的人應主動詢問他人要去的樓層，幫忙做按鈕服務。離按鈕遠的人，最好不要伸手按鈕。
・電梯內應保持安靜，勿高談闊論，不要談隱私，避免吃東西喝飲料，不抽煙、放屁、打噴嚏、咳嗽，不講手機，不撥弄頭髮。
・手上若提了很多東西，進電梯時一定要小心不要撞到他人。

・入電梯，應脫帽 。

6.手扶梯禮儀：

・盡量靠右站，如想超過對方，請走左邊，並說聲「對不起」、「借過」（Excuse me） 。

・不能在上面跑或跳。

・注意同行小朋友，並小心腳 。

7.坐車的禮節

・如果是司機開車，後座右側的座位最大，左側次之，中間再其次，司機旁是最小的卑位。

・如果是主人自己開車，駕駛右側坐位是第一大位，其次在後座的右側，在其次左側，最小的在中間。

・有女士一起坐車，先讓女士入後座，男士在繞道左邊車門自行開門入座。

8.電影院禮節

· 手機必須關機。

· 你的位子如果要經過他人的面前，一定要說一聲「對不起」並且身體面對他走過去（不要用屁股對著他人走過去）。

· 如果生病、咳嗽、流鼻涕，就不要去電影院 。

· 不評論電影情節。

· 電影播放間，進食聲音不影響他人。

· 電影結束前盡量不走動。

· 電影播放中，勿脫鞋、脫襪。

· 不拍手，不吹哨。

9.出席交響樂表演禮節

· 守時提早二十分鐘到場。

· 遵守著裝規定（dress code）。

· 安靜（絕對禁止說話、咳嗽，手上的紙不可以出聲音）。

- 勿使用手機、錄影機與相機。
- 中場休息時間結束一定要準時進場。

鼓掌

- 當全體表演者坐定後，樂團首席走進時，可以鼓掌。
- 試完音後，指揮上臺時給予最大掌聲，指揮一轉身就要停止鼓掌。
- 曲目結束後，可以鼓掌。（指揮轉過來面向觀眾時鼓掌。）
- 不大呼小叫、不吹哨，只喊 "Bravo!"

10.Spa 禮節

- 不帶太多貴重珠寶手飾和手錶。
- 洗好澡後才入池。
- 不帶食物，不帶飲料，不染頭髮。
- 不談隱私。
- 要留小費15～20%。

11.購物禮節

・進去商店裡不帶飲料、食物和寵物。

・不可討價還價,一律「不二價」。

・安靜。

・對店員要有禮貌,點頭微笑打招呼。

・手上有很多袋子時可以向銷售小姐要求暫時寄放。

・不可以穿太隨便馬虎。

・在櫥窗裡面的商品不要自行拿取。

12.試衣間禮節

・試穿衣服的數量以商家的規定為限。

・試完的衣服一定要掛上衣架,恢復原來的樣子。

・拉鍊、釦子、縫線若發現破損,一定要告知服務員。

・避免臉上的化妝品沾到試穿的衣服,不然店家有權利要
　你買,可以跟店家要求用頭罩或絲巾罩住臉以後再換衣
　服。

- 保持試衣間的安靜，尊重其他試衣間的隱私。
- 尺寸大小不能勉強穿。
- 買鞋試鞋時，盡量走動試穿。
- 內褲、襪子不試穿。
- 有特殊毛料的衣服（如絲絨）盡量不要用手去摸。

附錄2 Julia帶你重新認識「國際禮儀」

學習國際禮儀到底有什麼好？

沒錯，不使用它，一點好處也看不到！

很多人問：

「聽說你上了國際禮儀課，怎麼樣？秀一段來看看學了什麼？」

「聽說你上了國際禮儀課，怎麼沒什麼改變？怎麼還是那模樣？」

這是大部分人的正常反應！沒錯。因為，國際禮儀不像學畫畫，上一堂課後，至少可以有模有樣畫個幾下或秀秀作品。

它不像學鋼琴課一樣，上一堂課後，至少C大調的Do、Re、Mi……還可以秀一下，甚至彈一首兒歌都沒問題。

它不像學跳舞一樣，上一堂課後，至少腳尖腹部用力在那裡，基本功都還能秀一下。

它更不像上英文課，一堂課後至少幾個單字、片語、成語、動詞名詞……等等都還可以秀一下。

它更不像上數學課，加減乘除還能算給別人看看。

然而，上國際禮儀課，教室是空間（where），參與活動的人是同學（who），這項知識與技巧練習的對象和情境會變動。一旦下了課，回到各自的工作場所及生活情境時，要再運用這項知識及技巧時，也會有所不同。

　　因此，學了國際禮儀，最大的考驗在於要在不同的社交情境中判斷，進而實際運用和練習，視不同的對象（人）、事情（事）、場合、空間（地方）表現這項禮儀知識和技巧。

　　尤其對象與場合變化的影響性最大。不同的對象在不同的場合，一定會產生不同的事情。

　　例如：在家裡（自己是主人）與家人（對象）應對的事是家務事，使用的是相關禮節或家規。

　　若一樣在家裡（自己是主人）與家人（對象）但有邀朋友或公司同仁（對象）到家中聚會來訪。這時要用的禮節就要變更成主人待客之道的禮節。雖然空間（在自己家裡）沒有變，但人卻變了（除了自己家人加上來訪的客人）。這時主人的應對進退之道，就要調整變動，不可以因為在自己家裡，仍穿著

睡衣或家中穿的衣著，或頭髮鬆亂，或者不招呼客人吃喝，不理會其需求。

　　當家中有人來訪，雖在自己的家中，但不可隨心所欲，要在乎來訪者的需要和感覺。所以「招呼客人，令客人可以舒適，減少不安緊張」是主人主要的工作，所謂來者是客，不是家人，他們不知坐那裡？不知那裡有水喝？不知洗手間在那？等等。如同我們自己到別人家中或公司一樣，希望有人告之。這就是禮儀的「同理心」。此時主人的社交情境就換成如何招呼客人，令客人有舒適、自在、被在乎的感覺就很重要了。

　　到底國際禮儀上一堂課後，可以秀什麼？

　　可能什麼都看不到！看到的只是「看不到的觀念」而已！

　　什麼都可能沒有改變！改變的時候，是你必須讓別人看見你的時候，例如「工作面試」，或者是「別人想看見的你的時候」，例如：社團活動，交朋友的時候。

　　詩人說過：「當樹葉飄動，或飄下地面時，才知道風吹過了！」

當情境變化時，一個人的禮儀修養才能展現。

想像一下：同學間每天上課玩鬧在一起。某天在餐廳裡，遇見老師和他的家人，你會主動上前打招呼，並向其家人問好。或在同學家中客廳看電視，他的父母正從外面回來，你會立刻從沙發站起來向他們問好……類似這些動作的表現，必須當不同情境出現時才看得到，也就是這個「風」出現時，才看得到的意思。這個「風」正是我們活動中的社交情境了！

那為什麼要學國際禮儀呢？

因為「有備無患」、「備而有用」！

有準備，就可以自信，不怕出糗。有「備」，可以從容，不怕突發情境出現時，會不知如何處理。

學過國際禮儀的人，比未學過的人更容易有從容的自信表現，可以面對任何場合都表現出落落大方的樣子。因為知道如何應對，也就可以展現與他人不同的自信氣質。

在各類社交場合最害怕的是「要用而無備」，困窘、出糗、緊張、害怕、不安……的樣子紛紛出籠，你期待的從容、

自信、大方的樣子消失無蹤。

國際禮儀是一門科學，也是一種語言，更是一項能力。

知識＋觀念＋技巧＋會變動的社交情境的能力，重要的是你要學會正確合宜的判斷與表現。

它不像學鋼琴，固定在一成不變的空間中，在琴室或在表演室。要互動的對象就是鋼琴，觀眾是不動的，你的技巧要掌控的就是鋼琴。

學會國際禮儀如同學會騎單車。當你習得這項能力，就算好久沒有騎，過了好些日子甚至更久，一旦再騎上它，仍可以自在駕馭不會忘掉。當曾經學過的社交情境再次出現，你的大腦記憶可以馬上回去當時學習的情境，提醒自己做出合適的表現。

例如：課堂中練習如何第一次和他人初識時的握手禮、眼神接觸（eye contact）、微笑、交換名片……等等動作，當實際職場社交情境出現時，可以馬上有「備而有用」的效果出現。因為有準備，因此自信大方的態度可以很自然從容地表現，進

而避免緊張不安，甚至困窘的畫面出現。

　　這也是為什麼上過國際禮儀課的人，言行態度給他人的感覺會不一樣的原因。因為他明白不同社交情境中的表現，會給他人產生不同的感覺。

　　然而，禮儀精神在於尊重他人的感覺，和做給人看，或討好他人的動機是截然不相同的。

　　國際禮儀最難的是技巧：因為人會變動，空間會變動，事情、目的也跟著變動。

　　因此首要工作是掌握「社交情境」的屬性與類別，作正確的判斷，才可以做正確合宜的表現，並達到禮儀中尊重的目的。

管管你身上的**廢話**
Unspoken Signals

非語言溝通致勝叢書（1）

管管你身上的廢話
國際禮儀認證顧問
教你第一眼贏家密碼

建議售價・260元

國家圖書館出版品預行編目資料

管管你身上的廢話：國際禮儀認證顧問教你第一眼
贏家密碼／茱麗亞（Julia Chen）著. 一初版.—
臺中市：白象文化，民102.02
　　面：　公分.——（非語言溝通致勝叢書；1）
ISBN 978-986-5890-38-4（平裝）
1.國際禮儀
530　　　　　　　　　　　　　　101027764

作　　者：茱麗亞（Julia Chen）
校　　對：茱麗亞、劉芳如
專案主編：吳適意
編輯部：徐錦淳、黃麗穎、劉承薇、林榮威、吳適意
設計部：張禮南、何佳誼、賴澧淳
經銷部：林琬婷、莊博亞
業務部：張輝潭、焦正偉
發行人：張輝潭
出版發行：白象文化事業有限公司
　　　　　402台中市南區美村路二段392號
　　　　　出版、購書專線：（04）2265-2939
　　　　　傳真：（04）2265-1171
印　　刷：基盛印刷工場
版　　次：2013年（民102）二月初版一刷

設計編印

白象文化｜印書小舖
網　　址：www.ElephantWhite.com.tw
電　　郵：press.store@msa.hinet.net